ADMINISTRATION ET COMPTABILITÉ INTÉRIEURES

DES CORPS DE TROUPE

DISPOSITIONS GÉNÉRALES

TEXTE

Mis à jour jusqu'au 19 mai 1924.

CHARLES-LAVAUZELLE & Cⁱᵉ

Éditeurs militaires

PARIS, Boulevard Saint-Germain, 124

LIMOGES, 62, Avenue Baudin | 53, Rue Stanislas, NANCY

N° 1.

ADMINISTRATION ET COMPTABILITÉ INTÉRIEURES

DES CORPS DE TROUPE

DISPOSITIONS GÉNÉRALES

TEXTE

Mis à jour jusqu'au 19 mai 1924.

CHARLES-LAVAUZELLE & Cⁱᵉ

Éditeurs militaires

PARIS, Boulevard Saint-Germain, 124

LIMOGES, 62, Avenue Baudin | 53, Rue Stanislas, NANCY

DISPOSITIONS GÉNÉRALES

*Lettre d'envoi du règlement concernant les dispositions géné-
rales de l'administration et de la comptabilité intérieures
des corps de troupe.*

Paris, le 20 mars 1906.

Le Ministre de la guerre à MM. les Gouverneurs militaires de Paris et de
Lyon; les Généraux commandant les corps d'armée; le Général commandant la division d'occupation de Tunisie.

J'ai l'honneur de vous adresser le décret et l'instruction con-
tenant les dispositions générales relatives à l'administration des
corps de troupe.

Ces dispositions entreront en vigueur à la date du 1er juillet
1906.

Pour éviter les tâtonnements et faciliter les rapprochements
avec la réglementation antérieure, je crois utile de donner, dans
la présente lettre d'envoi, la substance des modifications apportées au décret du 14 janvier 1889 :

TITRE Ier.

Art. 1er. L'administration des corps de troupe est dirigée
dans chacun d'eux par un conseil d'administration unique. La
suppression des conseils éventuels est la conséquence de cette
disposition.

Art. 2, 3, 4. En principe, le conseil fonctionne en temps de paix, sous la présidence du chef de corps à la portion commandée par lui et exceptionnellement au dépôt.

Dans ce dernier cas, le chef de corps préside, en principe, lui-même, le conseil une fois par mois. Cette faculté paraît suffisante pour lui permettre de diriger d'une façon effective l'administration du corps et les opérations du conseil. Toutefois, si des circonstances ou des difficultés particulières à résoudre sur place l'exigent, il pourra se rendre plus fréquemment encore au dépôt, sous la réserve d'en demander l'autorisation au général commandant le corps d'armée.

En temps de guerre, le dépôt devient portion centrale; le conseil y est installé.

Tout détachement est administré par son chef.

Art. 6. L'officier chargé des détails (1) figure parmi les officiers comptables, au même titre que l'officier payeur et l'officier délégué à l'habillement.

Art. 7. Les comptes en deniers ne sont arrêtés qu'à la fin de chaque trimestre d'exercice.

TITRE II.

Conseils d'administration.

Art. 8. Le nombre des membres du conseil d'administration d'un régiment est porté à six, par suite de la rentrée dans ce conseil de l'officier supérieur du grade le plus élevé après le chef de corps.

Cette mesure est justifiée par la nécessité de faire participer à l'administration du régiment l'officier qui peut être appelé à la diriger en l'absence du colonel ou à remplacer celui-ci.

Art. 16. Les prescriptions de cet article ont pour but de préciser les cas dans lesquels les conseils passent des marchés ou procèdent par achat sur simple facture, d'établir les principes de la passation des marchés dans les corps de troupe, de rendre obligatoire la transcription des marchés sur un registre spécial, d'exiger l'autorisation du conseil pour la passation des marchés dans les détachements.

---

(1) On désigne sous le nom d' « officier chargé des détails » l'officier qui remplit en même temps les fonctions d'officier payeur et celles d'officier délégué à l'habillement.

Art. 20 et 21. La caisse du conseil d'administration étant supprimée, la surveillance des fonds déposés dans la caisse du corps, confiée au trésorier, est organisée d'autant plus rigoureusement.

Le dépôt au Trésor des fonds dépassant les besoins prévus pour vingt jours est de règle absolue.

Art. 28. Le président du conseil d'administration désigne le lieu de réunion du conseil; cette réunion a lieu le plus souvent au bureau du trésorier, dépositaire de la caisse du corps.

Art. 38. La délégation par le conseil, aux comptables intéressés, de la signature de certaines pièces de comptabilité est susceptible de donner les plus heureux résultats au point de vue de la simplification et de la rapidité des opérations. Elle a, en tout cas, le grand avantage de ne pas déplacer les responsabilités.

TITRE III.

Président du conseil. — Major. — Agents du conseil.
Commandants des détachements.

Art. 41. Cet article détermine l'action et les responsabilités du chef de corps, considéré comme président du conseil.

Art. 43. Aux termes de l'article 43, le major peut, sur l'autorisation du chef de corps, se rendre dans les détachements pour des recensements et des vérifications de comptabilité sur place. Ces déplacements ne doivent être prescrits qu'exceptionnellement et quand ils sont reconnus indispensables pour redresser des erreurs graves.

Quand les fonctions de major sont remplies par un capitaine, celui-ci doit se rendre compte de la concordance entre les écritures des unités et celles des agents du conseil. Mais les rectifications ne peuvent être prescrites que par le chef de corps.

Art. 51. Accentuer la surveillance du major sur les écritures des unités administratives, insister sur les rapprochements qu'il doit faire entre ces écritures et les écritures générales du corps, tel a été le but de la nouvelle rédaction de cet article.

Art. 55. L'officier d'habillement conserve dans ses archives les documents et registres intéressant la comptabilité-matières.

Art. 68 et 74. Ces articles définissent exactement le rôle de l'officier d'habillement comme comptable des matières et spécifient que son action s'étend sur tous les services du matériel.

TITRE IV.

Commandants des unités administratives.

Art. 77. Les commandants des unités administratives ne passent des marchés qu'à titre exceptionnel.

Art. 79. Les pertes de matériel en service, résultant d'un manque de surveillance manifeste, engagent désormais la responsabilité pécuniaire des commandants des unités administratives, sans préjudice des responsabilités disciplinaires.

TITRE VI.

Fonds.

Art. 87. La suppression du mandement de sous-intendant militaire facilite les retraits et les dépôts de fonds qui deviendront, désormais, plus fréquents qu'autrefois.

Art. 88 et 91. Le major devient dépositaire du livret de comptes courants avec le Trésor, ainsi que des récépissés de fonds déposés au Trésor.

Art. 94. Les envois de fonds par versement au Trésor ne sont autorisés que dans les cas où ces envois sont destinés aux corps ou détachements, aux militaires absents du corps ou l'ayant quitté et aux familles des enfants de troupe.

TITRE VII.

Solde et accessoires de solde.

Art. 101. Toutes les allocations des sous-officiers rengagés après cinq ans ou commissionnés sont payées sur feuille d'émargement.

Art. 105. Les trop et les moins-perçus en rations de toute nature sont régularisés annuellement en fin d'exercice.

Art. 108. Le prêt ne sera plus payé à la troupe que le 1er, le 11 et le 21 de chaque mois.

Art. 110. Tout sous-officier chargé de toucher le montant du prêt en l'absence ou en cas d'empêchement du sergent-major ou du maréchal des logis chef doit être muni d'une autorisation personnelle et spéciale pour chaque perception.

TITRE IX.

Matériel.

Les considérations générales ayant servi de bases à l'élaboration du règlement, en ce qui concerne la comptabilité du matériel, sont les suivantes :

1° Déterminer les mesures de détail à prendre pour l'application, dans les corps de troupe, du règlement sur la comptabilité-matières;

2° Diminuer les opérations matérielles en supprimant sur tous les registres des entrées et des sorties (corps, détachements et unités) le décompte de la valeur des effets et objets par numéros de la nomenclature; l'évaluation de la valeur de ce matériel n'est portée que sur les comptes de gestion et les inventaires estimatifs;

3° Créer une comptabilité auxiliaire permettant de suivre plus facilement les mouvements du matériel en service.

Le titre IX donne toutes les indications nécessaires pour la bonne administration du matériel et la tenue des comptabilités qui s'y rapportent, que ce matériel appartienne au corps ou à l'État.

Il convient de remarquer que les dispositions du règlement n'ont rien innové; la codification adoptée n'a pour but que de grouper et réglementer des écritures que les officiers comptables et les commandants d'unités étaient déjà obligés de tenir pour sauvegarder leur responsabilité.

Ainsi, le *registre-inventaire du matériel en service* prescrit par l'article 158 de l'instruction n'a d'autre but que de rassembler, en un seul document, toutes les indications éparses, portées, les unes sur les registres auxiliaires du fonds commun, les autres sur le registre du casernement, d'autres enfin sur des registres et carnets tenus sous différentes formes.

Cette disposition permet de supprimer les situations de literie, de casernement, de l'armement, etc., que les unités administratives devaient fournir périodiquement, bien que non prévues par les règlements.

Le seul document nouveau est le *registre des comptes courants du matériel avec les détachements et les annexes*. La tenue de ce registre ne constitue pas une besogne supplémentaire, puisque l'officier d'habillement était déjà obligé d'établir des comptes analogues pour pouvoir suivre la répartition du matériel, géré par le corps, entre la portion centrale, les détachements et les annexes.

TITRE XI.

Surveillance de l'administration, vérification et régularisation des comptes.

Il a paru bon de profiter de la réfection du règlement du 14 janvier 1889 pour définir nettement les conditions dans lesquelles doit s'exercer la surveillance administrative des corps de troupe.

Les textes légaux relatifs à cette surveillance ont donné lieu, en effet, à des divergences d'interprétation qu'il importe essentiellement de dissiper.

L'intention du législateur à ce sujet a été exposée dans la discussion de la loi du 16 mars 1882, notamment dans la séance du Sénat du 22 juillet 1881, à propos de l'article 23 de cette loi. (*Journal officiel* du 23 juillet 1881, p. 1214).

La direction de l'administration des corps de troupe est confiée à un conseil d'administration, présidé par le chef de corps (art. 21 de la loi).

La vérification et la régularisation des comptes, ainsi que les opérations qui les complètent (telles que les recensements de matériel et les vérifications de caisses) appartiennent en propre au service de l'intendance, comme conséquence de l'article 23.

La surveillance de l'administration des corps est dans les attributions du général commandant le corps d'armée, chef, responsable de l'administration du corps d'armée (art. 9 de la loi) et des généraux de division ou de brigade (art. 12).

Les devoirs du commandement à cet égard sont déterminés par les trois derniers alinéas de l'article 10.

Cette surveillance administrative est exercée, soit directement par les généraux qui en sont chargés, soit en vertu de délégations, par les fonctionnaires de l'intendance qui, dès lors, peuvent, au nom du général délégateur, connaître des actes d'administration, dont la comptabilité n'est que la représentation, examiner les faits dans leurs conséquences et soumettre leurs conclusions au commandement, qui statue sous sa responsabilité.

Les généraux ne peuvent déléguer leurs pouvoirs de surveillance administrative sur les corps de troupe qu'aux sous-intendants militaires chargés de la vérification et de la régularisation des comptes des corps. Ces fonctionnaires de l'intendance, en contact journalier avec les corps de troupe, sont, en effet, les plus préparés à examiner les conséquences et l'opportunité des faits administratifs dont ils ont déjà à constater la conformité avec les écritures, en vertu de leurs attributions propres.

L'action du directeur de l'intendance doit avoir un caractère accidentel et plus général : opérant par délégation du général commandant le corps d'armée, il procède à l'examen des faits dans la limite de cette délégation. Son intervention a pour but de renseigner le général commandant le corps d'armée sur la façon dont l'administration des corps est dirigée, les comptabilités tenues et l'action des sous-intendants exercée. Les résultats de son examen sont soumis au général commandant le corps d'armée, qui statue.

En dehors des circonstances particulières telles qu'une enquête sur une situation administrative grave, les opérations de l'intendant délégué dans la surveillance administrative ont lieu au moment des déplacements qu'il effectue déjà comme directeur du service de l'intendance.

L'intervention des fonctionnaires de l'intendance dans la vérification des comptes ou la surveillance de l'administration des corps de troupe se rattache donc à deux ordres d'idées distincts :

1° En vertu de leur autorité propre, et sans en référer au commandement, ils vérifient et régularisent les comptes, constatent les existants en deniers et en matières et donnent un caractère authentique à certains faits;

2° Comme délégués dans la surveillance administrative par le commandement et en son nom, ils connaissent des actes d'administration dans leurs conséquences et leur opportunité.

La correspondance qu'ils adressent aux corps de troupe en cette qualité est signée par ordre du général dont ils tiennent leurs pouvoirs.

De la discussion parlementaire citée plus haut, il résulte que l'expression de *sous-intendant chargé de la surveillance administrative de tel corps* ne devrait pas être employée. Elle pourrait, dans certains cas, être remplacée par celle de *sous-intendant délégué dans la surveillance administrative de tel corps*. Mais cette délégation n'est que facultative et il convient d'adop ter un terme qui s'applique à tous les cas et dans toutes les circonstances. L'expression à employer sera donc, à l'avenir, la suivante : *sous-intendant chargé de la vérification des comptes de tel corps*. Comme il est dit plus haut, c'est ce sous-intendant qui seul peut, le cas échéant, être délégué dans la surveillance administrative.

TITRE XII.

Registres et documents tenus dans les corps.

Les instructions relatives à la tenue, dans les corps, des registres ou documents mentionnés au titre XII ne sont plus reproduites dans le texte du règlement. Elles sont insérées dans le volume des modèles et doivent figurer en tête des imprimés commerciaux.

Diverses modifications ont été apportées à ces instructions en vue de préciser les règles de comptabilité du matériel géré par le corps ou par les unités, de simplifier la contexture du registre de centralisation et de généraliser la règle concernant l'inscription au registre des fonds divers des avances faites par le corps pour assurer les besoins des différents services.

Eug. ETIENNE.

Rapport au Président de la République.

Paris, le 20 mars 1906.

Monsieur le Président,

Les dispositions générales qui régissent l'administration des corps de troupe et qui faisaient l'objet du décret du 14 janvier 1889 n'ont pas été mises à jour depuis le 15 octobre 1897. La nécessité d'une réédition de ces dispositions s'impose d'autant plus que les modifications, dans cette matière très complexe, sont incessantes et qu'elles ont été, en fait, relativement nombreuses au cours de ces dernières années.

D'autre part, les commissions d'étude à qui j'ai confié, pendant cette même période, la mission d'étudier le fonctionnement de l'administration des corps de troupe ont reconnu que l'existence simultanée de plusieurs conseils dans les corps divisés, et, plus particulièrement, l'existence de conseils centralisateurs présidés par les majors, allait à l'encontre d'une prescription fondamentale de la loi du 16 mars 1882. Il m'a paru indispensable de faire cesser les errements actuels qui font échec au texte du législateur et de donner la direction de l'administration de chaque corps, conformément aux prescriptions de l'article 21 de la loi, à un conseil unique présidé par le chef de corps.

Enfin, j'ai profité de la réédition actuelle pour y introduire quelques simplifications qui m'ont été proposées par les commissions d'étude et dont les plus importantes sont la suppression de la caisse des conseils et l'adoption de la période de dix jours pour la perception du prêt.

Quelque nombreuses que soient les dispositions de détail qui ont modifié, depuis 1889, le fonctionnement administratif des corps de troupe, aucune atteinte n'a été portée aux principes généraux qui le régissent, principes que les conseils d'administration ne doivent jamais perdre de vue dans la gestion des intérêts qui leur sont confiés et qui peuvent se résumer de la manière suivante :

Principes de l'administration et de la comptabilité
des corps de troupe.

Dispositions générales.

L'administration des corps de troupe a pour objet de pourvoir aux besoins des militaires comptant dans leurs rangs. Dans l'intérêt de la discipline et du service, chaque corps est, à ce point de vue, représenté par un conseil d'administration ou par l'officier commandant, suivant les cas. La mission de ces représentants consiste principalement à faire percevoir les ressources de toute nature nécessaires aux corps, à en diriger, à en surveiller l'emploi et à en rendre compte. Leurs attribution de détails et les responsabilités qui en découlent sont définies par les règlements.

Ressources mises à la disposition des troupes.

. Pour satisfaire aux besoins des troupes, les représentants des corps ont à leur disposition :

1° Des immeubles du casernement;
2° Du matériel;
3° Des prestations en deniers;
4° Des prestations en nature.

Dans tous les cas où il est possible d'établir des prévisions suffisamment exactes, les taux des allocations sont déterminés par des tableaux et tarifs énumérant les diverses situations que peuvent occuper les parties prenantes individuelles ou collectives ainsi que les prestations correspondantes.

Les unes, celles de la solde et des frais de route, sont attribuées à chacun des ayants droit. Les autres, celles des ordinaires, de l'habillement, du harnachement, du chauffage et de l'éclairage, du casernement et enfin des écoles (1) sont affectées à l'ensemble du corps ou aux unités; elles sont mises en commun et font masse.

Les dépenses qui, comme celles de certains services secondaires, ne peuvent être, à l'avance, l'objet d'une évaluation sont payées par les corps à titre d'avance au moyen de leurs fonds généraux et les corps sont remboursés périodiquement de ces avances sur la production de pièces justificatives régulières.

____

(1) Remplacée par la masse des dépenses diverses. (Décret du 27 février 1913, vol. 2.)

Double aspect de l'administration régimentaire.

L'administration d'un corps de troupe et la comptabilité, qui en reproduit les détails, se présentent sous un double aspect.

On peut considérer qu'un corps, tant comme collectivité qu'au nom des parties prenantes individuelles qui le composent, a des droits déterminés; que ses représentants sont chargés d'exercer ces droits; qu'ils ont, à ce titre, *à régler périodiquement leur situation vis-à-vis de l'Etat.* De là l'origine des liquidations trimestrielles établissant le crédit du corps à l'égard du Trésor et des comptes annuels accusant les entrées et sorties de matières et faisant ressortir le matériel existant. Les représentants du corps ont, en second lieu, à employer les ressources mises à leur disposition, au mieux des intérêts qui leur sont confiés, en respectant leur affectation originelle et les prescriptions réglementaires. Ils justifient de cet emploi par des *comptes d'administration intérieure.*

La situation des corps de troupe doit être envisagée à chacun de ces points de vue.

I. — EXERCICE DES DROITS DES CORPS. RÈGLEMENT DE LEURS COMPTES AVEC L'ÉTAT.

Bases des diverses prestations en deniers.

Les principales prestations allouées en deniers sont celles de la solde, des frais de route, des ordinaires, de l'habillement, du harnachement, du chauffage et de l'éclairage, du casernement, des écoles (1).

Les prestations de la solde et des frais de route attribuées aux parties prenantes individuelles varient nécessairement en raison des grades, des positions et des mouvements; les tarifs fixent, en outre, les taux des diverses indemnités destinées à faire face à des charges supplémentaires résultant de situations ou fonctions spéciales.

Les règles d'allocation et tarifs applicables aux prestations destinées à être mises en commun ont des bases plus simples, parce que celles-ci forment des fonds d'abonnement forfaitaires dont les premières mises et les économies réalisées aux époques favorables servent, en quelque sorte, de fonds de roulement et permettent, le cas échéant, de subvenir à des insuffisances acci-

---

(1) Voir le renvoi (1) de la page 14.

dentelles. Toutes les fois qu'il est possible d'estimer, avec quelque précision, les besoins de chaque partie prenante, il y est pourvu au moyen de primes individuelles; telles sont les *primes journalières* d'ordinaire, d'habillement, de chauffage. Aux services intéressant l'ensemble du corps ou des fractions constituées sont réservées des indemnités collectives; telles sont les *primes mensuelles* des masses d'habillement, de harnachement, des écoles.

Prestations en nature.

Les prestations en nature ne comportent, en principe, que la fourniture à titre gratuit du pain (ou de ses succédanés) nécessaire aux hommes de troupe et des fourrages pour les chevaux et mulets.

Mais le renouvellement des approvisionnements constitués en vue de la guerre et destinés à assurer la subsistance des effectifs mobilisés ne pouvant s'effectuer que par des distributions aux corps de troupe, ceux-ci sont tenus de prendre dans les magasins de l'Etat à titre remboursable certaines denrées telles que des légumes secs, du sucre, du café, etc.

Régularisation des perceptions.

Les droits aux prestations résultant de la position des parties prenantes, il importe que les constatations faites à ce sujet soient quotidiennes. La situation administrative produite chaque jour par le commandant d'unité répond à cette nécessité. Les vérifications dont elle est l'objet tendent à donner à ce premier élément des comptes des corps toute garantie d'exactitude. C'est pour ce motif qu'elle est immédiatement adressée au sous-intendant militaire, autorité étrangère au corps, qui l'arrête en toutes lettres, après l'avoir rapprochée de la situation précédente, ainsi que des pièces justificatives des mutations. C'est pour la même raison que les feuilles de journées, enregistrant jour par jour les effectifs des situations administratives, sont tenues contradictoirement par les commandants d'unités et par le trésorier. Cette manière de procéder facilite la rectification immédiate des erreurs et permet de récapituler promptement, à l'expiration de chaque trimestre, les droits des unités aux diverses prestations.

Le règlement de compte trimestriel qui intervient entre le corps et l'Etat, sous la forme de revue de liquidation, présente un caractère analogue. Le crédit du corps, obtenu par la totalisation des journées et décomptes inscrits aux feuilles de journées, est établi par les représentants du corps et vérifié par le sous-intendant militaire, tandis que le débit, comprenant le détail des perceptions effectuées, et la balance finale ou décompte de libération dressés par ce fonctionnaire doivent être revêtus de l'acceptation du corps.

Ainsi la régularisation de toutes les perceptions en deniers et en nature s'opère au moyen de documents tenus ou vérifiés contradictoirement et produits dans des délais assez courts pour que les redressements puissent s'effectuer sans difficulté.

Gestion du matériel de l'État.

Le matériel appartenant à l'État, confié aux corps de troupe, comprend la réserve de guerre constituée en vue de la mobilisation et le matériel du service courant. Quelle que soit leur affectation, ces approvisionnements sont soumis, en principe, aux règles d'administration applicables à tout le matériel du Département de la guerre. Leurs mouvements sont décrits dans des comptes de gestion analogues à ceux que produisent les comptables des services administratifs, résumés dans des états dressés par service et transmis à la Cour des comptes avec le compte général du matériel de la guerre.

Il en est autrement du matériel que les représentants du corps se procurent à l'aide des prestations en deniers qui leur sont allouées. La gestion du matériel ayant cette origine, étant d'ordre intérieur, est affranchie des règles de comptabilité prescrites pour le matériel de l'État et n'est soumise qu'à des règles spéciales inscrites dans des règlements particuliers.

II. — ADMINISTRATION ET COMPTABILITÉ INTÉRIEURES.

Modes de gestion.

L'administration intérieure comporte, ainsi qu'il a été dit, deux principaux modes d'emploi des diverses ressources attribuées aux corps, savoir :

1° La distribution intégrale à chaque ayant droit des allocations de solde, accessoires de solde et frais de route;

2° L'affectation collective des autres prestations aux besoins des unités ou de l'ensemble du corps.

Les commandants d'unité sont les intermédiaires entre le conseil d'administration et les hommes de troupe pour le payement du prêt et la perception des prestations en nature. C'est à ce titre qu'ils sont appelés à régler trimestriellement, vis-à-vis du conseil, leur situation telle qu'elle ressort de l'état comparatif des droits acquis et des perceptions effectuées.

Les prestations allouées au titre de l'habillement, du harnachement, du chauffage et de l'éclairage, du casernement et des écoles ont un caractère forfaitaire et forment des fonds d'abonnement auxquels on a donné le nom de « masses ».

Le système des masses présente l'avantage d'émanciper en quelque sorte les représentants des corps et les commandants d'unité, en leur laissant toute l'initiative et l'indépendance compatibles avec les intérêts du Trésor. Il les habitue à prévoir et à constater de près les besoins de la troupe, et les prépare, à cet égard, à leur rôle en campagne. Il les intéresse enfin directement à leur gestion, les économies obtenues par une administration bien entendue restant acquises aux corps ou aux unités.

Le matériel au compte des masses, ne pouvant être confondu avec le matériel à l'Etat, donne lieu à une comptabilité spéciale comprenant l'enregistrement des entrées en magasin et des sorties. La balance en fin d'année accuse les restants dont les quantités sont décomptées sur l'inventaire estimatif dressé pour chaque masse.

Sur les comptes trimestriels ou annuels des masses, les montants des inventaires s'ajoutent à l'avoir en deniers ou sont déduits du débet. Ce bilan d'ensemble donne la situation réelle des masses et précise les résultats économiques obtenus dans chaque branche de service, tandis que le classement des diverses opérations suivant leur nature, à l'intérieur des comptes, présente des éléments d'appréciation détaillés et renseigne les conseils d'administration et les commandants d'unité sur la direction à imprimer à leur gestion.

Comptabilité intérieure.

Les conseils d'administration ayant surtout des attributions de direction et de surveillance, c'est à leurs agents qu'il appartient de pourvoir aux détails d'exécution et de tenir les écritures correspondantes.

Leur comptabilité comprend d'abord l'enregistrement au jour le jour des recettes et dépenses, des entrées et sorties de matières, puis le classement de toutes les opérations par nature de fonds ou par catégorie de matériel. Elle est récapitulée en ce qui concerne les deniers dans le registre de centralisation du trésorier, en ce qui concerne les matières dans les écritures de l'officier d'habillement qui embrassent la gestion de tous les chefs de service détenteurs de matériel. Des références permettent de passer d'une comptabilité à une autre, de sorte qu'à une dépense pour achat inscrite au registre-journal du trésorier doit correspondre, par exemple, dans les comptes du matériel une entrée de même valeur et réciproquement. Cette corrélation facilite les vérifications et les redressements, en nécessitant la constante concordance d'écritures tenues par des gestionnaires différents.

De cet exposé se dégage l'esprit dont s'inspire l'administration des corps de troupe.

Une large initiative est dévolue aux conseils d'administration et aux commandants d'unité appelés à participer à la bonne et économique gestion des ressources mises par le pays à la disposition des troupes.

D'autre part, la précision des règles de gestion, la corrélation nécessaire entre des comptabilités tenues contradictoirement forment la solide base sur laquelle reposent les traditions de probité qui sont l'honneur de l'armée et contribuent à maintenir l'administration des troupes au-dessus de toute suspicion.

La comptabilité tend à satisfaire à trois conditions : la sincérité résultant de la constatation contradictoire des faits à un moment aussi rapproché que possible de celui où ils se sont produits; la clarté réalisée par le groupement synoptique des opérations de chaque gestion; une simplicité relative eu égard au grand nombre de détails qu'il s'agit d'enregistrer, de classer et de résumer méthodiquement.

Ces principes servent encore de base au nouveau projet de règlement; toutefois, l'ensemble des modifications que sa mise à jour a nécessitées ayant entraîné la refonte des textes qui régissent l'administration des corps de troupe, j'ai l'honneur, Monsieur le Président, de soumettre à votre haute approbation le projet de décret ci-inclus, destiné à remplacer le décret susvisé du 14 janvier 1889.

Veuillez agréer, Monsieur le Président, l'hommage de mon respectueux dévouement.

Le Ministre de la guerre,
Eug. ÉTIENNE.

Décret portant règlement sur l'administration et la comptabilité des corps de troupe.

Paris, le 20 mars 1906.

Le Président de la République française,

Sur le rapport du Ministre de la guerre,

Vu la loi du 16 mars 1882, sur l'administration de l'armée;

Vu le décret du 14 janvier 1889, portant règlement sur l'administration et la comptabilité des corps de troupe;

Considérant qu'il importe de coordonner les dispositions successives qui ont, jusqu'à ce jour, modifié ce règlement et d'introduire dans l'administration et la comptabilité des corps de troupe les améliorations et les simplifications dont elles sont susceptibles,

Décrète :

TITRE PREMIER.

Dispositions préliminaires.

Formation et dissolution des corps de troupe; mode d'administration.

*Art. 1er. Les corps de troupe sont formés ou dissous, d'après les instructions spéciales du Ministre, par les officiers généraux assistés de fonctionnaires de l'intendance militaire.

L'administration est dirigée, dans chaque corps de troupe, par un conseil d'administration.

Toutefois, les compagnies et les sections formant corps sont administrées par l'officier commandant.

Cas de division du corps; portion centrale, portion principale, détachements, dépôt.

Art. 2. En cas de division du corps, le conseil d'administration fonctionne, en principe, à la portion commandée par le chef de corps. Toutefois, dans les régiments d'infanterie fractionnés, et sauf dans certains cas réservés à la décision du Ministre, il est

---

*Nota. — Les articles du règlement précédés d'un astérisque sont développés dans un article correspondant de l'instruction.

installé dans la garnison où se trouvent les approvisionnements de réserve destinés au corps.

La *portion centrale* est toujours celle où fonctionne le conseil d'administration.

Lorsque le chef de corps ne réside pas à la portion centrale, la portion qu'il commande directement est dénommée *portion principale*.

Les autres fractions des corps ne sont que des détachements.

Le détachement stationné dans la garnison où se trouvent les approvisionnements de réserve destinés au corps est appelé *dépôt*.

A la mobilisation, le dépôt devient portion centrale.

Opérations concernant l'ensemble du corps; cas où le conseil d'administration est installé, dès le temps de paix, au dépôt.

Art. 3. Le conseil administre directement la portion centrale; il est, en outre, chargé de toutes les opérations concernant l'administration générale du corps, de l'établissement des comptes et de la conservation des archives.

Lorsque le conseil est installé au dépôt dès le temps de paix, le chef de corps n'en conserve pas moins la présidence; il l'exerce effectivement, toutes les fois qu'il se rend au dépôt, et, en principe, une fois par mois. En dehors de ces réunions, il est suppléé dans la présidence du conseil par l'officier du dépôt le plus ancien dans le grade le plus élevé.

Administration des détachements.

Art. 4. Tout détachement est administré par son chef.

Si, d'un détachement ayant une administration distincte, il est formé plusieurs détachements, placés sous les ordres de chefs indépendants les uns des autres, chaque détachement nouveau s'administre séparément à dater du jour de la séparation.

Si, au contraire, plusieurs détachements d'un même corps, administrés séparément, viennent à être placés sous un même commandement, ils ne donnent plus lieu, dès lors, qu'à une seule administration; celle-ci est exercée par le commandant du détachement, à dater du lendemain de la réunion.

Tout détachement rentrant dans la garnison où se trouve une fraction du même corps cesse de s'administrer séparément à dater du lendemain de la réunion, à moins qu'il n'en soit ordonné autrement.

Par exception, les compagnies du génie stationnées en Algérie (y compris celles qui sont éloignées de la portion centrale du bataillon dont elles font partie) relèvent exclusivement de l'action administrative du commandant du bataillon.

Ce commandant administre directement les unités réunies à ladite portion centrale; il centralise les écritures, des unités qui en sont éloignées, chacune de ces dernières étant alors administrée par l'officier qui la commande.

Quant aux compagnies du génie stationnées en Tunisie, elles sont soumises aux règles communes.

Détachements qui n'ont pas d'administration distincte.

Art. 5. Les détachements n'ont point d'administration distincte lorsque, en raison de la facilité des communications, ils peuvent faire percevoir le prêt, soit chez le trésorier du corps, soit chez le commandant de la fraction dont ils relèvent. Il appartient au directeur de l'intendance du corps d'armée de provoquer, à ce sujet, les ordres du général commandant le corps d'armée. Cet officier général statue et rend compte au Ministre.

Agents des conseils.

Art. 6. Le conseil d'administration a pour agents les officiers comptables et les officiers désignés à l'article 74 :

Sont compris sous la dénomination générique d'*officiers comptables* le trésorier, l'officier d'habillement et les officiers qui en tiennent lieu : *officier payeur, officier délégué à l'habillement, officier chargé des détails.*

Période qu'embrasse la comptabilité des corps de troupe.

Art. 7. Les comptes en deniers sont tenus au jour le jour, par nature de fonds, et réglés par trimestre d'exercice.

A cet effet, ils sont groupés dans un compte appelé *centralisation*, qui embrasse toutes les recettes et les dépenses applicables à la liquidation des droits acquis, tant au corps qu'à ses créanciers, pendant cette même période trimestrielle, et à quelque date qu'elles s'effectuent.

Les comptes du matériel appartenant à l'État sont réglés par année. Les comptes du matériel appartenant au corps sont réglés, savoir :

Par trimestre d'année, en ce qui concerne les masses d'habillement et de harnachement;

Par année, pour toutes les autres masses.

TITRE II.

Conseils d'administration.

CHAPITRE Iᵉʳ.

COMPOSITION DES CONSEILS D'ADMINISTRATION.

Composition des conseils d'administration en temps normal.

Art. 8. Les conseils d'administration sont composés comme il suit :

1° *Pour chaque régiment :*

Le chef de corps, *président;*

L'officier supérieur du corps, le plus ancien dans le grade le plus élevé, présent dans la garnison;

Le major, *rapporteur;*

Le trésorier, *secrétaire;*

L'officier d'habillement ou l'officier délégué à l'habillement;

Un commandant d'unité administrative désigné par rang d'ancienneté le 1ᵉʳ janvier de chaque année. Cet officier est remplacé lorsqu'il quitte le corps ou la fraction du corps auprès de laquelle se trouve le conseil; il est suppléé, en cas d'absence, par le commandant d'unité le plus ancien après lui. A défaut de commandant d'unité, un autre officier (capitaine, lieutenant ou sous-lieutenant) fait partie du conseil.

2° *Pour chaque corps organisé sous le titre de bataillon ou escadron :*

Le chef de corps, *président;*

Le major, *rapporteur;*

Le trésorier, *secrétaire;*

L'officier d'habillement ou l'officier délégué à l'habillement;

Un commandant d'unité administrative désigné comme il est dit ci-dessus.

Lorsque le major commande la portion centrale, il conserve ses fonctions de major.

Lorsqu'un officier comptable est appelé à présider le conseil, il conserve ses fonctions de comptable.

Composition des conseils d'administration en cas de manœuvres, d'écoles à feu, etc.

Art. 9. Pendant les manœuvres, les évolutions, les écoles à feu, etc., le nombre des membres du conseil peut être réduit à trois; le chef de corps est alors suppléé dans la présidence par l'officier le plus ancien dans le grade le plus élevé.

Si, par suite de circonstances imprévues, le nombre des officiers présents à la portion centrale est inférieur à trois, l'officier commandant prend, sous sa responsabilité, les mesures indispensables pour assurer le service jusqu'à ce que le commandement ait pu reformer le conseil d'administration à la composition de trois membres au moins.

Incompatibilité de fonctions.

Art. 10. Les fonctions de major ne peuvent se cumuler ni avec celles de trésorier ni avec celles d'officier d'habillement.

CHAPITRE II.

INSTALLATION ET DISSOLUTION DES CONSEILS D'ADMINISTRATION.

Installation et dissolution.

Art. 11. Les conseils d'administration sont installés et sont dissous par les officiers généraux.

Procès-verbaux d'installation, procès-verbaux de dissolution des conseils d'administration.

Art. 12. Les sous-intendants militaires constatent par des procès-verbaux l'installation et la dissolution des conseils d'administration. Ces actes sont signés par les officiers généraux qui ont présidé aux opérations, ainsi que par les membres du conseil. Ils sont transcrits au registre des délibérations.

Mention au registre des délibérations de l'entrée en exercice et de la cessation de fonctions des membres des conseils.

Art. 13. L'entrée en exercice et la cessation de fonctions des membres des conseils d'administration sont constatées par la mention au registre des délibérations de leurs noms et grades, ainsi que des motifs de la cessation de fonctions des membres remplacés.

CHAPITRE III.

ATTRIBUTIONS DES CONSEILS D'ADMINISTRATION.

Direction et surveillance exercées par le conseil d'administration.

Art. 14. Le conseil d'administration se prononce sur toutes les questions relatives à la gestion des deniers et matières qui lui sont confiés, prend ou provoque, à cet égard, toutes les mesures nécessaires pour la bonne exécution des règlements et instructions en vigueur.

Il passe les marchés, surveille la gestion des comptables et autres agents du conseil, ainsi que celle des commandants des unités administratives.

Désignation des suppléants des comptables.

Art. 15. Les officiers qui doivent suppléer les comptables sont désignés par le chef de corps après avis du conseil d'administration.

Passation des marchés et achats sur simple facture.

*Art. 16. Les fournitures, confections et réparations donnent lieu à des marchés passés soit par adjudication publique, soit de gré à gré, après appel à la concurrence et sous forme d'un concours entre les fournisseurs que le conseil juge utile d'appeler.

Le conseil les conclut sans autorisation préalable pour toutes fournitures, confections ou réparations dont la dépense est autorisée par les règlements ou par les instructions du Ministre. Il ne doit, en aucun cas, dépasser les quantités ni les prix déterminés.

Il procède à des achats et prescrit des confections ou des réparations payables *sur simple facture*, quand il n'a pu être passé de marchés avec ou sans appel à la concurrence ou quand il s'agit de menues fournitures à livrer immédiatement (vol. 25).

Toutefois, aucune dépense ne peut, en principe, être ainsi engagée que si elle doit être définitivement imputée aux masses et si elle ne dépasse pas 3.000 francs. (Décret du 15 août 1920, *B. O.*, p. 3166.)

En dehors des cas énumérés ci-dessus, l'autorisation doit être demandée au sous-intendant militaire, qui la donne, ou qui en réfère, s'il y a lieu, au directeur de l'intendance du corps d'armée.

Lorsque le conseil d'administration a été régulièrement autorisé, sa responsabilité est dégagée.

La portion principale et les détachements ne passent de marchés et ne procèdent à des achats sur simple facture qu'après autorisation du conseil d'administration.

Remboursement aux corps des avances faites pour l'exécution des divers services.

Art. 17. Le conseil d'administration poursuit le remboursement des dépenses qu'il a été autorisé à acquitter à titre d'avances.

Avances spéciales aux déplacements.

Art. 18. Il peut, en cas de départ pour les manœuvres, évolutions, écoles à feu, etc., percevoir des avances proportionnées aux besoins prévus (mais dont le montant ne doit pas dépasser 20.000 francs), lorsque les fonds, tant en caisse qu'en dépôt au Trésor, sont reconnus insuffisants pour la durée du déplacement (1).

Acquit à mettre au bas des ordonnances et mandats.

Art. 19. Il quittance, à l'échéance du payement, les ordonnances et mandats délivrés au profit du corps et les remet au trésorier pour qu'il en reçoive le montant chez l'agent du Trésor.

Vérification des recettes faites par le trésorier.

Art. 20. Il constate et vérifie toutes les recettes faites par le trésorier, depuis la dernière séance, tant sur ses propres quittances que sur l'acquit du conseil.

Dépôts et retraits de fonds.

Art. 21. Il s'assure que les sommes en numéraire, existant dans la caisse du corps, n'excèdent pas les besoins prévus par l'article 44 (2).

---

(1) Ces avances sont faites au titre du service des fourrages.
(2) Texte nouveau. (Décret du 28 juillet 1919, B. O., p. 2381.)

Réception du matériel; autorisations d'entrée et de sortie.

Art. 22. Il prescrit la prise en charge du matériel après avoir fait procéder, s'il y a lieu, à sa réception.

Il autorise les sorties de magasin et ratifie celles effectuées en vertu d'ordres, émanant d'autorités compétentes, reçus entre deux séances du conseil.

Il prononce le classement « hors de service » du matériel appartenant au corps, sauf les exceptions prévues pour le matériel appartenant aux fonds particuliers.

Apposition du cachet sur les modèles.

Art. 23. Il fait apposer, en sa présence, le cachet du conseil sur les modèles d'effets qu'il est autorisé à choisir à défaut de modèles-types.

Arrêté des registres de comptabilité.

Art. 24. Il arrête, en séance, les registres de comptabilité, après avoir reconnu que les recettes et les entrées, les dépenses et les sorties ont été régulièrement autorisées et qu'elles sont justifiées par des pièces à l'appui.

Il certifie les états, bordereaux et autres pièces aux époques déterminées et dans les cas prévus par les règlements.

Les arrêtés portent les signatures de tous les membres du conseil.

Remise de fonds aux fractions détachées.

Art. 25. Il fait remettre, au moment de leur départ, aux détachements qui doivent s'administrer séparément, les fonds nécessaires à leurs premiers besoins.

Devoirs du président.

Art. 26. Le président (1) ouvre les lettres et les dépêches adressées au conseil; il remet au major celles qui sont relatives à l'administration.

Il veille à ce que les récépissés de fonds déposés au Trésor, ainsi que les mandats et ordonnances non encore quittancés soient remis au major et conservés par lui.

---

(1). Ou l'officier qui le supplée normalement lorsque la portion centrale est au dépôt.

Il vise les états de services et tous les autres extraits ou copies expédiés d'après les registres et documents authentiques, dès qu'ils ont été certifiés par le trésorier ou l'officier d'habillement et vérifiés par le major.

CHAPITRE IV.

SÉANCES DES CONSEILS D'ADMINISTRATION.

Mode des délibérations.

Art. 27. Le conseil ne peut délibérer qu'en séance et lorsque tous les membres sont présents.

Convocation du conseil.

Art. 28. Le conseil s'assemble, sur la convocation de son président (1), dans le local que celui-ci désigne.

Personnes qui peuvent assister aux séances des conseils.

Art. 29. Les officiers généraux, les fonctionnaires du contrôle de l'administration de l'armée et de l'intendance militaire peuvent assister aux séances des conseils d'administration et en requérir la convocation.

Les sous-intendants militaires arrêtent la centralisation en séance du conseil.

Places des personnes qui assistent aux séances.

Art. 30. Les membres du conseil d'administration prennent place à la droite et à la gauche du président dans l'ordre hiérarchique. Les personnes étrangères au conseil qui assistent à la séance se placent en face du président.

Membres ayant voix délibérative.

Art. 31. Tous les membres ont voix délibérative; toutefois, les officiers comptables n'ont que voix consultative sur les questions concernant leur gestion.

---

(1) Ou l'officier qui le supplée normalement lorsque la portion centrale est au dépôt.

Le président met les affaires en délibération.

Art. 32. Le président met les affaires en délibération; il communique, ou fait communiquer par le major rapporteur, tous les documents propres à éclairer le conseil.

Toute proposition faite par un membre du conseil doit être mise en délibération, si la majorité décide qu'il y a lieu de la discuter.

Rapports par écrit.

Art. 33. Le rapporteur n'est tenu d'exposer les affaires par écrit que lorsqu'il en est requis par le conseil.

Le conseil prononce à la majorité des voix.

Art. 34. Le conseil prononce à la majorité des voix; le président recueille les voix en commençant par l'officier le moins élevé en grade, et, à égalité de grade, par le moins ancien; il émet son opinion le dernier.

Dans le cas où, conformément à l'article 31, un officier comptable n'a que voix consultative, la décision du conseil est prise à la majorité des membres votants.

Si les voix sont partagées également, celle du président est prépondérante.

Mode de constatation des séances.

Art. 35. Chaque séance du conseil est constatée, au registre des délibérations, par un procès-verbal signé, séance tenante, par tous les membres

Lorsque des autorités militaires étrangères au conseil assistent à la séance, leur présence est mentionnée au procès-verbal et elles apposent leur signature au bas de ce document.

Consignation au procès-verbal des motifs des membres opposants.

Art. 36. Les membres qui n'adhèrent pas à l'avis de la majorité ont le droit de consigner, en séance, à la suite du procès-verbal, les motifs de leur opposition.

Exécution des décisions du conseil; suspension de l'effet d'une décision.

Art. 37. Le président donne les ordres nécessaires pour l'exécution des décisions du conseil.

Il peut suspendre l'effet d'une décision qui lui paraît contraire aux lois, décrets ou règlements en vigueur ou aux intérêts du corps, mais il est tenu d'en saisir par écrit le général de brigade et d'en informer le sous-intendant militaire en leur adressant immédiatement une copie textuelle de la délibération.

Le commandant du corps d'armée, après avoir pris l'avis du directeur de l'intendance, prononce ou en réfère au Ministre.

Lorsque le conseil se trouve au dépôt et quand une séance n'a pas été présidée par le chef de corps, l'officier qui a exercé la présidence lui fait parvenir, par le plus prochain courrier, copie du procès-verbal de la séance.

Si le chef de corps croit devoir suspendre l'effet de décisions consignées dans ce procès-verbal, il en avise les membres du conseil dans les quarante-huit heures qui suivent la réception de la copie qui lui a été adressée. Il se conforme ensuite aux prescriptions du deuxième alinéa du présent article.

Signature des documents et pièces comptables
Correspondance du conseil.

Art. 38. La correspondance, les acquits au bas des mandats et ordonnances de payement, les marchés et tous les arrêtés des registres de comptabilité sont signés de tous les membres du conseil.

Celui-ci peut, sous sa responsabilité et sous réserve du visa du major, déléguer à l'officier comptable intéressé la signature des pièces de comptabilité, se rapportant à des faits de gestion ordonnés ou autorisés par le conseil d'administration et mentionnés au registre des délibérations, telles que : pièces d'entrée et de sortie; demandes de matières, effets et objets et états de pointures correspondants; états et situations fournis à titre de renseignements; pièces de comptabilité intérieure, etc.

Les bordereaux d'envoi, les bulletins de correspondance et accusés de réception sont signés du major, par délégation du conseil.

Toute délégation de signature est mentionnée au registre des délibérations; la délégation est personnelle, elle est toujours révocable et doit être renouvelée chaque année.

CHAPITRE V.

RESPONSABILITÉS DU CONSEIL.

Responsabilité pécuniaire. — Responsabilité disciplinaire.

Art. 39. Le conseil d'administration est pécuniairement responsable :

1° Des payements, sorties ou distributions qu'il ordonne ou
autorise, contrairement aux dispositions en vigueur;

2° De l'existence effective des fonds et du matériel, au moment où il en constate la situation dans l'arrêté des registres
tenus par les officiers comptables;

3° Des irrégularités ou erreurs signalées par le major dont il
n'aurait pas, malgré cet avis, prescrit le redressement en temps
utile;

4° Du montant des reprises ou des retenues qu'il aurait omis
de faire exercer;

5° Des pertes et déficits de fonds jusqu'à concurrence des
sommes en excédent des besoins prévus à l'article 44 lorsqu'il a
constaté cet excédent et n'en a pas prescrit le dépôt au Trésor (1).

6° Du bon entretien du matériel qui lui est confié.

Dans tous les autres cas, la responsabilité disciplinaire peut
seule être engagée.

Les membres du conseil, qui n'ont pas adhéré à une mesure
adoptée par la majorité et qui ont consigné les motifs de leur
opposition au registre des délibérations, ne sont point passibles
de la responsabilité que cette mesure entraîne.

Lorsque le chef de corps ne se trouve pas à la portion centrale, il est responsable, au même titre que les autres membres du conseil, s'il n'a pas usé du droit qui lui est conféré
par l'article 37 de suspendre l'effet de décisions prises par le
conseil.

Application des responsabilités pécuniaires.

Art. 40. Lorsque, à la suite de vérifications, un conseil d'administration a encouru la responsabilité pécuniaire déterminée à
l'article 39, les sommes dont il se reconnaît débiteur sont répar-
ties par ses soins entre les membres qui ont commis l'irrégula-
rité ou autorisé la mesure, au prorata de la solde du grade dont
chacun d'eux était alors titulaire.

---

(1) Texte nouveau. (Décret du 28 juillet 1919.)

Si le conseil n'accepte pas l'imputation ou s'il ne peut en faire la répartition avec l'assentiment unanime des intéressés, il en est référé au Ministre qui, d'après les résultats de l'enquête administrative, fixe les sommes dont le conseil doit être constitué débiteur et en arrête la répartition.

Les dispositions de l'alinéa précédent sont applicables aux cas de responsabilité pécuniaire individuelle des officiers comptables, responsables envers le conseil d'administration (art. 22 de la loi du 16 mars 1882) et des officiers visés aux articles 41, 52, 73, 74, 75 et 79, du présent règlement.

TITRE III.

**Président du conseil. — Major. — Agents du conseil.
Commandants des détachements.**

CHAPITRE PREMIER.

PRÉSIDENT DU CONSEIL.

Action et responsabilité du chef de corps, président du conseil.

Art. 41. Le président du conseil, en sa qualité de chef de corps, pourvoit à l'exécution des décisions du conseil.

Il s'assure que le major exerce sur les officiers comptables, les agents du conseil et les commandants d'unité, l'action définie au chapitre II du présent titre.

Il est responsable des conséquences de toute mesure contraire aux règlements qu'il aurait prescrite de sa propre autorité et de celles qu'entraînerait la non-exécution, par son ordre, des dispositions réglementaires.

Cette responsabilité est pécuniaire chaque fois que les conséquences ci-dessus spécifiées se traduisent par un préjudice matériel pour l'État, les corps (masses) ou les personnes (officiers et troupe).

Dans les autres cas, la responsabilité disciplinaire peut seule être engagée.

CHAPITRE II.

MAJOR.

Exécution des délibérations.

Art. 42. Le major veille, sous l'autorité du président du conseil d'administration, à l'exécution des délibérations.

Lorsque le conseil est installé au dépôt dès le temps de paix, les fonctions de major sont exercées à la portion principale par un capitaine.

Surveillance permanente de tous les détails d'administration.

*Art. 43. Il exerce une surveillance permanente sur tous les détails d'administration et de comptabilité dont les officiers comptables et autres agents du conseil, ainsi que les commandants des unités administratives, sont respectivement chargés.

Il signale au conseil les abus et irrégularités qu'il reconnaît.

Il lui soumet les mesures qui lui paraissent devoir être prises pour assurer la bonne administration du corps.

Surveillance des recettes que fait le trésorier.

Art. 44. Il veille à ce que le trésorier touche exactement aux échéances de payement et aux époques fixées par les règlements, cahiers des charges, marchés, conventions, toutes les sommes dont il doit faire recette, tant sur l'acquit du conseil que sur ses propres quittances et à ce que les sommes ainsi perçues soient inscrites au registre-journal en même temps que déposées dans la caisse.

Il prescrit, à titre de dépôt, le versement au Trésor des sommes qui, après la perception du montant des mandats ou ordonnances acquittés par le conseil, dépasseraient les besoins en numéraire à prévoir pour les quinze jours suivants, savoir :

1° Acquittement des payements en numéraire exigibles d'après les pièces que le trésorier lui présente;

2° Payement de la solde, des primes et des indemnités;

3° Payement des frais de route;

4° Payement des dépenses que le trésorier peut avoir à acquitter en numéraire sur le « vu bon à payer » du major.

Il détermine le montant des sommes à retirer du Trésor.

Il délivre au trésorier des autorisations écrites de versement ou de retrait, en numéraire ou par virement, ces autorisations portant inscription en toutes lettres des sommes faisant l'objet des versements, virements ou retraits. En cas de retrait de fonds, sous la forme spéciale du chèque, l'autorisation prévue ci-dessus est remplacée par la signature du major sur le chèque lui-même, ainsi qu'il est prévu à l'article 60 (1).

Vérification des dépenses faites par le trésorier.

Art. 45. Il s'assure que le trésorier acquitte sans délai les dépenses autorisées par le conseil dans sa dernière séance. Il vérifie inopinément et paraphe, au moins une fois par semaine, le registre de route, qui doit être arrêté chaque jour par le trésorier. Enfin, il signe avec ce dernier les chèques remis en payement, ainsi qu'il est prévu à l'article 60 ci-après (2).

Vérification de la caisse du corps.

Art. 46. Il vérifie la situation matérielle de la caisse inopinément et chaque fois que le trésorier a encaissé le montant des mandats émis au profit du corps pour la solde, les masses et les remboursements d'avances.

En cas d'irrégularités, il informe immédiatement le chef de corps (ou, s'il y a lieu, le commandant du dépôt) qui provoque aussitôt la réunion du conseil et avise le sous-intendant militaire.

Situations administratives.

Art. 47. Il transmet au trésorier les situations administratives conformément aux prescriptions du règlement sur la solde et les revues.

Il notifie par écrit les mutations aux commandants des unités administratives; il notifie, en outre, à l'officier d'habillement les mouvements de matériel intéressant le service de ce comptable.

Surveillance des magasins.

Art. 48. Il surveille l'exécution des ordres relatifs aux mouvements de matériel appartenant, soit au corps, soit à l'État.

Il s'assure, au moins une fois par trimestre, par des vérifications et des recensements inopinés, de l'existence et du bon état de conservation du matériel, ainsi que de l'assortiment en tailles et en pointures des effets du service de l'habillement.

---

(1) Texte nouveau. (Décret du 28 juillet 1919.)
(2) Texte nouveau. (Décret du 26 mai 1918, B. O., p. 1761.)

Il consigne, en tête des registres des entrées et des sorties du matériel, les résultats de ses opérations.

Contestations.

Art. 49. Il prononce, sauf revision par le conseil, sur les contestations survenues entre les agents du conseil et les commandants des unités administratives.

Notification des extraits des délibérations.

Art. 50. Il vise et délivre, sur leur demande, aux officiers comptables et aux commandants des unités administratives les extraits des délibérations.

Vérification des écritures.

Art. 51. Il vérifie l'exactitude des registres de comptabilité et de toutes les pièces établies par les agents du conseil; il vérifie également les écritures des unités administratives qu'il a pour mission spéciale de rapprocher des écritures générales du corps.

Responsabilités.

Art. 52. Il est pécuniairement responsable :

1° Des conséquences de l'inobservation des devoirs qui lui sont imposés par le présent règlement, lorsqu'il en est résulté un préjudice matériel pour l'État ou le corps (masses);

2° Des distributions irrégulières faites sur bons revêtus de son approbation.

Dans les autres cas, sa responsabilité est disciplinaire.

CHAPITRE III.

TRÉSORIER.

Écritures concernant la comptabilité en deniers.

Art. 53. Le trésorier est chargé des écritures concernant la comptabilité en deniers.

Correspondance du conseil.

Art. 54. Il rédige toute la correspondance du conseil, à l'exception de celle qui est relative au service de l'officier d'habillement.

Archiviste du corps.

Art. 55. Il est l'archiviste du corps, et, à ce titre, dépositaire du *Bulletin officiel* du ministère de la guerre et de tous les registres ou pièces quelconques conservés à titre de renseignement. Toutefois, les documents et registres concernant la comptabilité en matières sont conservés par l'officier d'habillement, après inscription, par le trésorier, au catalogue des archives.

Expédition des états de services, etc.

Art. 56. Il établit et certifie les états de services et tous les extraits des registres dont la tenue lui est confiée, ainsi que les copies et extraits des documents authentiques faisant partie des archives du corps.

Dépositaire du livret de solde et du timbre du conseil.

Art. 57. Il est dépositaire du livret de solde et du timbre du conseil; il appose ce timbre sur les pièces qui doivent en être revêtues.

Recettes.

Art. 58. Il fait toutes les recettes et donne quittance des sommes reçues, lorsque le conseil ne doit pas en signer l'acquit.

Payement des dépenses.

Art. 59. Il paye les dépenses dont l'acquittement a été autorisé par le conseil; il paye, sans autorisation préalable du conseil, mais après vérification sur pièces et contre acquits réguliers, la solde, les accessoires de solde, les primes ou indemnités et le montant des fournitures, travaux ou réparations exécutés à l'abonnement.

Il peut également acquitter les dépenses non prévues lors de la dernière délibération du conseil, sur le « *Vu, bon à payer* » du major, pourvu que chacune de ces dépenses ne dépasse pas 200 francs.

Le conseil ratifie ces payements dans sa plus prochaine séance.

Conditions de validité et d'exécution des payements.

Art. 60. Le trésorier ne peut faire de payements qu'aux ayants droit ou à leurs représentants munis de leurs quittances, aux porteurs de traites ou de pouvoirs en due forme, enfin aux agents de finances, sur leurs récépissés ou contre des mandats sur le Trésor.

Ces payements peuvent s'effectuer, si le créancier accepte ce mode de règlement, par la remise d'un chèque tiré sur le compte de dépôt de fonds prévu à l'article 87. Les chèques doivent être revêtus de la signature du major et du trésorier; conformément à une clause spéciale dont ils portent mention, ils ne peuvent être présentés au payement que par l'intermédiaire d'une banque; ils sont transmissibles par endossement (1).

Bons de distribution pour les vivres et les fourrages.

Art. 61. Le trésorier établit et signe, d'après les bons particuliers des commandants des unités administratives, les bons d'ensemble pour les distributions de vivres et de fourrages.

Il est secondé par l'adjoint au trésorier.

Art. 62. L'adjoint au trésorier, qu'il soit ou non dans la même garnison que le trésorier, est sous sa direction.

Responsabilité pécuniaire.

Art. 63. Le trésorier est pécuniairement responsable :

1° De tous les fonds qu'il a reçus jusqu'à ce qu'il ait justifié de leur emploi;

2° De tout payement illégal, de toute avance non autorisée par le conseil, de toute omission de recette, de toute erreur de calcul, enfin des doubles emplois, surcharges et altérations d'écritures.

CHAPITRE IV.

OFFICIER D'HABILLEMENT (2)

- - -

Il est chargé du service du matériel.

*Art. 64. L'officier d'habillement est chargé, sous les réserves déterminées à l'article 74, du service du matériel appartenant à l'État et au corps, et des écritures qui s'y rattachent.

---

(1) Texte nouveau. (Décret du 26 mai 1918.)
(2) Capitaine chargé du matériel, d'après les règlements du 25 août 1913 (Vol. 78.)

Rédaction des écritures et établissement des états
pour constater les besoins du corps.

Art. 65. Il est chargé, en ce qui concerne le matériel, de rédiger la correspondance du conseil et de préparer les projets de marchés ou d'abonnements.

Toute correspondance directe ou particulière avec les fournisseurs lui est interdite.

Il dresse les états destinés à exposer les besoins du corps en ce qui concerne son service.

Dépositaire des échantillons et des modèles-types.

Art. 66. Il est dépositaire des échantillons et des modèles-types.

Vérification des pièces relatives au matériel.

Art. 67. Il s'assure de l'exactitude des bons de distributions et vérifie les états ou factures de fournitures quelconques, confections ou réparations, relatifs à son service. Il énonce sur les factures la somme à payer.

Centralisation des écritures. — Comptes du matériel.

Art. 68. Il centralise toutes les opérations concernant la comptabilité extérieure et intérieure du matériel et opère les rapprochements nécessaires entre ses écritures et les écritures tenues dans les unités administratives et les divers services du corps.

Il tient ou établit tous les comptes relatifs au matériel.

Cas où l'officier d'habillement n'est pas à la portion centrale.

*Art. 69. En cas de division du corps, lorsque l'officier d'habillement n'est pas à la portion centrale, il n'en reste pas moins chargé de l'établissement des situations et de la tenue des comptes de l'ensemble du matériel du corps; de la centralisation des écritures concernant la comptabilité intérieure et extérieure de ce matériel; de la préparation des marchés, de l'établissement des états destinés à exposer les besoins du corps en ce qui concerne le matériel; de la rédaction de la partie de la correspondance du conseil qui lui est réservée (art. 65), enfin de toutes les écritures générales relatives à son service.

Officier désigné pour le seconder.

Art. 70. Dans les régiments d'infanterie et du génie, l'officier d'habillement a sous son autorité immédiate un lieutenant qui a pour mission de l'aider dans son service et de le remplacer lorsqu'il est indisponible ou absent. Cet officier est chargé, en particulier, de tous les détails prévus par le règlement sur l'armement et prend le titre d'*officier d'armement* (1). Il est désigné par le colonel sur la présentation de l'officier d'habillement et l'avis du major. En cas de fractionnement de ces régiments, le lieutenant d'armement reste, en temps de paix, au dépôt.

Dans les régiments d'artillerie, les fonctions d'officier d'armement sont exercées par un adjudant; toutefois, dans ceux de ces régiments qui ont à gérer des approvisionnements importants, un lieutenant est, en outre, adjoint en permanence à l'officier d'habillement.

Dans le cas où l'officier d'habillement n'est pas à la portion centrale, il est suppléé, à cette portion, par un officier délégué à l'habillement qui est sous sa direction.

Dans les régiments de cavalerie, les fonctions d'officier d'armement et d'adjoint à l'habillement sont remplies par le porte-étendard.

Chefs ouvriers.

*Art. 71. L'officier d'habillement a sous ses ordres directs les chefs ouvriers; il surveille l'exécution des travaux dont ils sont chargés, quand ces travaux sont exécutés dans les ateliers du corps.

Responsabilité pécuniaire.

Art. 72. Il est pécuniairement responsable :

1° De l'existence et du bon état du matériel dont il est comptable;

2° Des sorties ou distributions irrégulières, ou faites sur bons non revêtus de l'approbation du major; des omissions d'entrées ou de réintégrations, des erreurs de calculs, doubles emplois, surcharges et altérations d'écritures.

Dans les cas autres que ceux énumérés ci-dessus, sa responsabilité disciplinaire seule peut être engagée.

---

(1) Lieutenant adjoint au capitaine chargé du matériel. (Voir règlement du 25 août 1913, art. 47 I, 47 C, 54 A.)

Officier d'armement. (Voir art. 8 et 9 de l'instruction du 11 juillet 1913, vol. 19.)

CHAPITRE V.

OFFICIERS PAYEURS. — OFFICIERS DÉLÉGUÉS A L'HABILLEMENT. OFFICIERS CHARGÉS DES DÉTAILS.

Attributions et responsabilités.

Art. 73. Lorsque la portion centrale est au dépôt, l'adjoint au trésorier est attaché à la portion principale en qualité d'officier payeur; l'officier d'habillement est suppléé, à cette portion : dans l'infanterie, la cavalerie et le génie, par le porte-drapeau ou le porte-étendard; dans l'artillerie et dans les bataillons formant corps, par un officier chargé des détails.

Toutes les dispositions du présent règlement relatives aux attributions et aux responsabilités du trésorier et de l'officier d'habillement sont applicables, dans la limite des opérations qu'ils ont à effectuer, à l'officier payeur et à l'officier délégué à l'habillement, ainsi qu'aux officiers chargés des détails.

CHAPITRE VI.

AGENTS NE FAISANT PAS PARTIE DES CONSEILS.

Attributions et responsabilités.

Art. 74. Les médecins et les vétérinaires chefs de service, les officiers chargés d'écoles ou d'exercices comportant affectation de matériel tiennent, sous l'autorité du conseil d'administration et la surveillance du major, les registres et les écritures de détail déterminés par les règlements et instructions concernant la gestion des fonds et du matériel confiés à chacun d'eux.

Les officiers de casernement, l'officier d'approvisionnement et le chef de musique tiennent les écritures relatives à leur service sous l'autorité et la surveillance de l'officier d'habillement.

Ils sont pécuniairement responsables de l'existence des fonds qui leur sont confiés, ainsi que de l'existence et du bon entretien du matériel qu'ils ont en charge.

Dans tout détachement, les registres et les écritures sont tenus sous l'autorité du commandant.

CHAPITRE VII.

COMMANDANTS DES DÉTACHEMENTS.

Attributions et responsabilités.

Art. 75. Les officiers qui administrent les détachements réunissent, sous la réserve mentionnée au dernier alinéa de l'article 16 et au 2e alinéa de l'article 120, les attributions et les responsabilités du président, du major, des officiers comptables et des autres agents du conseil.

Ils peuvent se faire aider par un lieutenant, ou par des sous-officiers, pour les détails du service et la tenue des écritures: mais ce concours ne dégage nullement leur responsabilité.

TITRE IV.

Commandants d'unités administratives.

Ils sont chargés de tous les détails de l'administration de la troupe sous leurs ordres.

Art. 76. Les commandants d'unités administratives (1) sont chargés de la garde, de l'entretien et de l'emploi du matériel qui leur est confié, ainsi que de tous les détails et de toutes les écritures qui ont pour objet l'administration de la troupe placée sous leurs ordres.

Ils doivent pouvoir justifier, à chaque instant, des actes de leur gestion (*achats, perceptions, réparations, pertes, imputations, distributions de toute nature, réintégrations, mouvements pouvant créer des droits à leurs administrés, etc., etc.*); ils ont l'obligation étroite de les enregistrer au jour le jour dans des écritures qui sont conservées pendant dix ans aux archives du corps et qu'ils sont tenus de représenter à toute réquisition des autorités ayant qualité pour en connaître.

Ils font tenir les écritures par les sergents-majors ou maréchaux des logis chefs et les fourriers.

---

(1) Compagnies, escadrons, batteries, pelotons ou sections hors rang.

Passation exceptionnelle de marchés.

Art. 77. Exceptionnellement, et lorsqu'il n'a pu être pourvu aux besoins des unités administratives par des marchés applicables à l'ensemble du corps, les commandants d'unités passent tous marchés et effectuent tous achats relatifs aux opérations d'entretien et aux menues réparations au compte des fonds particuliers des masses d'habillement et de harnachement.

Réclamations au conseil.

Art. 78. Ils adressent leurs réclamations au conseil lorsque le payement de la solde ou les distributions n'ont pas lieu aux époques réglementaires, quand les fournitures sont défectueuses ou incomplètes, et enfin si des retenues irrégulières sont faites à leur troupe.

Si leurs réclamations restent sans effet, ils peuvent les adresser, par la voie hiérarchique, au commandant du corps d'armée.

Responsabilité pécuniaire. — Responsabilité disciplinaire.

Art. 79. Ils sont pécuniairement responsables :

1º De l'existence des fonds dont ils ont donné quittance et non encore employés;

2º De l'existence et du bon entretien du matériel dont ils ont donné récépissé et non distribué;

3º Des payements et des distributions de toute nature effectués contrairement aux règlements et instructions.

Ils sont disciplinairement responsables de l'existence et du bon entretien du matériel en service, sauf les cas de pertes, dégradations ou mises hors de service, par force majeure.

Toutefois, les pertes de matériel en service résultant manifestement d'un manque de surveillance engagent, en outre, leur responsabilité pécuniaire.

TITRE V.

Commandants de corps n'ayant pas de conseil.

Attributions et responsabilités.

Art. 80. Les commandants des corps organisés sous le titre de compagnie ou de section réunissent les attributions et les res

ponsabilités des conseils, de leur président, du major, des offi
ciers comptables et des autres agents du conseil.

Toutefois, ils sont tenus de soumettre leurs projets de marchés
au sous-intendant militaire, sans l'autorisation duquel ils ne
peuvent passer outre à la signature des marchés. Cette autorisation dégage leur responsabilité.

Les marchés ainsi autorisés sont ensuite valables par le fait
du consentement des parties. Le sous-intendant militaire y appose sa signature en vue des vérifications et des régularisations
dont il est chargé.

Ces marchés sont, par suite, affranchis de la formalité de
l'enregistrement, tout en étant soumis à celle du timbre.

TITRE VI.

Fonds.

CHAPITRE PREMIER.

VALEURS EN CAISSE.

Caisse du corps.

Art. 81. Tous les fonds appartenant à un corps, à l'exception
de ceux déposés au Trésor ou confiés à la portion principale ou
aux détachements, sont renfermés dans une caisse dite *caisse
du corps*.

Cette caisse est placée dans le logement du trésorier, qui doit
prendre toutes les mesures de sûreté nécessaires pour sa ferme-
ture, sa garde et sa conservation (1).

---

(1) La question a été posée de savoir si les dispositions des décrets du
25 août 1913 sur le service intérieur des corps de troupe relatives à l'emplacement de la caisse devaient être appliquées, nonobstant les prescriptions contraires du règlement du 20 mars 1906 sur l'administration des
corps de troupe (art. 81 et 83).

La question doit être résolue par l'affirmative.

Par suite, lorsque l'officier trésorier a son bureau à la caserne, la caisse
du corps doit y être placée dans un coffre-fort et sous la garde d'un plan-
ton garde-caisse armé.

Il demeure entendu qu'au cas où, par suite d'insuffisance ou de défaut
d'appropriation des locaux, le bureau de l'officier trésorier est situé en
dehors de la caserne, la caisse doit être placée dans le logement de cet
officier comptable, qui prend toutes les mesures nécessaires pour en assurer la garde et la conservation.

Les dispositions ci-dessus sont applicables aux caisses des portions principales, des corps qui n'ont pas de conseil et des détachements. (Circulaire
du 8 juillet 1914, B. O., p., p. 1264.)

Vérification de la caisse du corps.

Art. 82. Le conseil s'assure, quand il le juge convenable, et obligatoirement le premier jour de chaque mois, de l'existence effective des fonds que doit contenir la caisse; après chacune de ces vérifications, la situation de la caisse est mentionnée au registre des délibérations.

Caisses de la portion principale des détachements et des corps qui n'ont pas de conseil.

Art. 83. La caisse de la portion principale est conservée par l'adjoint au trésorier (officier payeur) dans les conditions visées à l'article 81.

Les fonds des corps qui n'ont pas de conseil, et ceux des détachements, sont renfermés dans une caisse placée dans le logement de l'officier commandant (1).

Vérification des caisses par les fonctionnaires de l'intendance.

Art. 84. Les fonctionnaires de l'intendance vérifient inopinément, ainsi qu'aux époques fixées par le présent règlement, les caisses des diverses fractions du corps.

A l'occasion des arrêtés trimestriels de centralisation et de l'établissement des extraits de registres-journaux des recettes et des dépenses, les vérifications des sous-intendants militaires sont faites, soit en séance du conseil, soit en présence des commandants de la portion principale ou des détachements.

CHAPITRE II.

AVANCES FAITES PAR LES CORPS POUR L'EXÉCUTION DES DIVERS SERVICES.

Distinction des dépenses.

Art. 85. Les dépenses faites par les corps à titre d'avances pour l'exécution des divers services doivent être distinctes par exercice et par chapitre, article ou paragraphe, suivant la nomenclature des dépenses du ministère de la guerre spéciale audit exercice.

Remboursement.

*Art. 86. Le remboursement des avances faites par les corps a

---

(1) Voir le renvoi (1) de la page précédente.

lieu aux époques fixées par les règlements et instructions ministérielles, sur la production de relevés accompagnés de pièces justificatives.

Les dépenses omises dans un relevé sont comprises dans l'un des relevés suivants à établir au titre du même exercice.

Si les dépenses omises concernent le quatrième trimestre, il est établi un relevé supplémentaire au titre de l'exercice auquel les dépenses se rapportent.

Le remboursement des effets et objets confectionnés par les corps, pour le compte de l'État, a lieu au prix de la nomenclature, à moins que le Ministre ne fixe exceptionnellement un prix différent. Les dépenses d'achat et de main-d'œuvre demeurent à la charge de la masse intéressée qui, par compensation, fait recette du montant des sommes remboursées au corps. La différence, s'il y en a une, entre le prix de revient et la somme remboursée par l'État profite à la masse ou est supportée par elle.

CHAPITRE III.

DÉPÔT AU TRÉSOR ET VERSEMENTS A LA CAISSE DES DÉPÔTS ET CONSIGNATIONS.

Sommes en excédent des besoins. Versements au Trésor.
Retrait des sommes déposées.

Art. 87 (1). Lorsque les sommes en numéraire existant dans la caisse d'un corps excèdent le montant des besoins en numéraire prévus à l'article 44 ou, en cas de départ, pendant la route à parcourir (compte tenu des recettes à effectuer pendant la même période), l'excédent doit être versé au Trésor, à titre de dépôt.

Le Ministre autorise, par décision spéciale, les portions centrales de certains corps de troupe à conserver en caisse les bonis d'ordinaire en sus des sommes prévues à l'article 44.

Selon les besoins du service, le major fait retirer tout ou partie des sommes déposées.

Les dépôts se font par sommes rondes de mille francs. Il en est de même des retraits, à l'exception de ceux qui résultent de payements par chèque, ainsi que de ceux qui ont pour objet une remise de fonds au receveur des finances (reversements, demandes de mandats sur le Trésor, etc.), et enfin du retrait d'un solde.

(1) Texte nouveau. (Décrets du 12 octobre 1907, 26 mai 1918 et 28 juillet 1919. B. O., p. 1589, 1761 et 2381.)

Les agents des finances n'encaissent les fonds appartenant aux corps de troupe et n'opèrent les remboursements et les virements que sur autorisation du major qui doit inscrire, en toutes lettres, sur cette autorisation, la somme faisant l'objet des versements, du virement ou du retrait. Toutefois, en cas de retrait, sous la forme spéciale du chèque, l'autorisation prévue ci-dessus est remplacée par la signature du major sur le chèque lui-même, ainsi qu'il est dit à l'article 60.

Dans les portions principales et les détachements, les fonds qui sont en excédent des besoins en numéraire de quinze jours sont envoyés à la portion centrale; cette règle générale comporte les exceptions ci-après :

1° Les fractions détachées de l'intérieur en Algérie ou en Tunisie, et inversement, sont autorisées à ne faire l'envoi à la portion centrale que lorsque les sommes excèdent les besoins de trente jours;

2° Les portions principales et détachements qui sont spécialement autorisés par le Ministre conservent en caisse les bonis d'ordinaire en plus des sommes prévues pour les besoins en numéraire de quinze jours.

Récépissés des sommes déposées.

Art. 88 (1). Les récépissés des dépôts sont remis, le jour même où les dépôts ont été effectués, au major chargé de les conserver.

Les récépissés dont le montant a été remboursé au corps sont brûlés par cet officier supérieur.

Mandat de virement.

Art. 89. Lorsque le corps quitte le département, son compte avec le Trésor est soldé au moyen d'un mandat de virement délivré par le trésorier-payeur général; ce mandat est tiré sur le trésorier-payeur général du département dans lequel le corps doit tenir garnison.

Si le trésorier-payeur général ne réside pas dans le lieu que quitte le corps, le receveur particulier fait les diligences nécessaires pour procurer au conseil le mandat de virement.

Lorsque le corps est arrivé à destination, ce mandat est remis au trésorier-payeur général ou au receveur des finances en échange d'un récépissé de dépôt.

(I) Nouvelle rédaction. (Décret du 21 décembre 1909, *B. O.*, p. 2112.)

Cas de changement de direction du corps pendant sa marche.

Art. 90. Si le corps reçoit pendant sa marche une nouvelle destination, le chef de corps en donne aussitôt avis au trésorier-payeur général sur lequel a été tiré le mandat de virement et lui fait connaître le numéro, la date et le montant de ce mandat.

Celui-ci transmet sans délai ces renseignements au Ministre des finances, qui autorise le trésorier-payeur général du département où va résider le conseil à prendre pour comptant le même mandat.

Livret de compte courant avec le Trésor.

Art. 91. Les mouvements de fonds sont inscrits par les agents des finances sur un livret de compte courant avec le Trésor. Ce livret, coté et paraphé par le sous-intendant militaire, est conservé par le major. Il se compose :

1° *D'une partie principale* où les agents du Trésor sont tenus, sous leur responsabilité, d'inscrire, lors de chaque opération (versement ou retrait) effectuée directement par le trésorier du corps et en fin de chaque trimestre, le montant des chèques payés depuis la dernière opération et le montant en toutes lettres du solde du compte courant tel qu'il résulte de leurs écritures. Les mentions ainsi apposées sont signées de l'agent du Trésor ou de son fondé de pouvoirs, et appuyées de son timbre humide;

2° *D'une partie complémentaire* dans laquelle le trésorier du corps inscrit, avec leur numéro d'ordre, le montant de chacun des chèques qu'il délivre sur le compte courant du corps, ainsi que la date d'émission.

En fin de trimestre, le trésorier du corps, en même temps qu'il adresse l'état dont il est question à l'article 92, communique cette partie complémentaire à l'agent des finances, qui y porte les dates de payement des chèques et arrête, s'il y a lieu, le solde du compte dans les conditions indiquées à l'alinéa précédent (1).

État trimestriel des dépôts et des retraits.

Art. 92. Les dépôts dans les caisses du Trésor, les retraits directs ou par chèques des sommes déposées et les mandats de virement tirés ou remis sont récapitulés dans un état trimestriel certifié par le conseil ou par le commandant du corps, lorsqu'il n'y a pas de conseil.

---

(1) Texte nouveau. (Décret du 26 mai 1918.)

Cet état, accompagné du livret, est présenté au visa du trésorier-payeur général ou du receveur des finances qui, dans le cas de payement par chèques, inscrit le montant du solde résultant de ses écritures et l'énumération détaillée des chèques non encore payés. Il est ensuite adressé, du 1er au 5 du mois qui suit le trimestre écoulé, au sous-intendant militaire pour être transmis, après vérification, au directeur de l'intendance. Celui-ci en fait, pour la région, un bordereau récapitulatif en deux expéditions, qu'il adresse au Ministre dans les vingt premiers jours du mois qui suit le trimestre.

En cas de changement de garnison, il est produit un état distinct par département (1).

Versements de fonds à la Caisse des dépôts et consignations.

Art. 93. Les versements de fonds à faire à la Caisse des dépôts et consignations s'effectuent d'après le mode déterminé par les Ministres de la guerre et des finances (vol. 24).

CHAPITRE IV.

ENVOI DE FONDS.

Mode d'envoi.

Art. 94. Les sommes envoyées par les corps ou détachements :

1° A des portions du même corps ou à d'autres corps;
2° A des militaires absents ou qui ont quitté le corps;
3° Aux familles des enfants de troupe,

sont versées dans la caisse du trésorier-payeur général ou du receveur des finances contre mandats payables sur l'acquit des destinataires.

Toutefois, si les sommes sont de peu d'importance, ou si ce mode de payement est reconnu plus pratique ou plus économique, l'envoi est fait par mandat-poste ou par lettre chargée.

En ce qui concerne les intéressés visés sous les numéros 2° et 3° ci-dessus, ce dernier mode d'envoi ne peut être employé que sur la demande, aux frais et risques du destinataire.

---

(1) Le bordereau du 4e trimestre est adressé le 10 novembre. (Circulaire du 9 octobre 1912, vol. 74.)

Dispositions communes aux divers envois de fonds (1).

*Art. 95. Tous les versements pour envois de fonds, visés à l'article précédent, sont effectués sur la production d'une demande de mandat, signée par le président du conseil d'administration pour la portion centrale, et, pour les autres fractions du corps, par les officiers qui les commandent.

Lorsque les fonds à envoyer par mandat du Trésor sont, à défaut de disponibilité dans la caisse du corps, prélevés sur les sommes en dépôt au Trésor, le prélèvement est fait en écritures, par somme de 1.000 francs, et l'appoint seul est versé en numéraire.

CHAPITRE V.

RECOUVREMENT DES IMPUTATIONS.

Retenues exercées sur la solde pour recouvrement des imputations.

*Art. 96. Les imputations dont les conseils, le président, le major, les officiers comptables et autres agents sont passibles, par suite de responsabilités pécuniaires (art. 39, 40, 41, 52, 63, 72, 73, 74, 75, 79), s'opèrent au moyen de retenues sur leur solde nette, exercées mensuellement à raison du cinquième de cette solde, à moins que le Ministre ne diminue le montant mensuel de la retenue.

Débets mis à la charge des militaires admis à une pension de retraite ou de réforme.

Art. 97. Lorsqu'un militaire débiteur est admis à une pension de retraite ou de réforme, le montant du débet est inscrit sur le certificat de cessation de payement délivré à ce militaire.

Dans le cas où le débet n'est constaté qu'après délivrance du certificat de cessation de payement, le conseil d'administration en rend compte au Ministre, qui prend les mesures nécessaires pour le recouvrement.

CHAPITRE VI.

PERTES OU DÉFICITS DE FONDS.

La somme qui manque est portée en dépense aux fonds divers.

Art. 98. Le montant des pertes ou déficits de fonds provenant

---

(1) Voir, page 156, l'instruction du 31 mai 1918 relative au payement par chèque des dépenses des corps de troupe.

Dans le gouvernement militaire de Paris et dans la 20ᵉ région, il est mis en essai deux instructions A et B du 20 décembre 1923 sur l'utilisation des comptes courants et des chèques postaux dans les corps de troupe et dans certains établissements militaires.

d'événements de force majeure ou d'autres circonstances extra-ordinaires dûment constatées est, sur l'autorisation préalable du sous-intendant militaire, porté en dépense aux fonds divers.

TITRE VII.

Solde et accessoires de solde.

CHAPITRE PREMIER.

TRAITEMENT DES OFFICIERS ET DES SOUS-OFFICIERS A SOLDE MEN-SUELLE; ALLOCATIONS SPÉCIALES D'ENGAGEMENT ET DE RENGAGE-MENT.

Époque de payement du traitement des officiers et des sous-officiers à solde mensuelle.

Art. 99. La solde et les accessoires de solde des officiers et des sous-officiers à traitement mensuel sont payables à terme échu, dans les vingt-quatre heures qui suivent la date à laquelle la perception a été faite par le trésorier.

Toutefois, les officiers et les sous-officiers susdésignés changeant de corps, de résidence, ou entrant en position d'absence, sont intégralement payés jusqu'au jour de leur départ exclusivement. Ceux qui rentrent de position d'absence peuvent, sur leur demande, être payés de leur traitement afférent aux mois écoulés.

Feuille d'émargement des officiers et des sous-officiers à solde mensuelle.

Art. 100. Le premier jour du mois, une feuille d'émargement est ouverte par le trésorier ou par l'officier qui en remplit les fonctions, pour le payement de la solde et des accessoires de solde aux officiers et aux sous-officiers à solde mensuelle.

Cette feuille est visée, dès la date de son établissement, par le major ou par le commandant du détachement.

Elle a pour objet de justifier de tous les payements effectués dans le courant du mois. Elle est arrêtée et certifiée par le trésorier, puis vérifiée par le major.

Lorsqu'un acquit n'a pu être donné sur la feuille d'émargement, la pièce justificative du payement effectué est annexée à cette feuille.

Feuille d'émargement des sous-officiers rengagés ou commissionnés autres que les sous-officiers à solde mensuelle.

Art. 101. Une feuille d'émargement est établie dans les mêmes conditions pour le payement :

Des allocations spéciales aux sous-officiers rengagés ou commissionnés antérieurement au 1er février 1906;

Des primes ou portions de primes dues aux militaires engagés ou rengagés dans les conditions de l'article 61 de la loi du 21 mars 1905 et article 75 de la loi du 1er avril 1923.

De l'indemnité de logement allouée à des militaires autres que les sous-officiers à solde mensuelle.

Avances aux officiers et aux sous-officiers à solde mensuelle.

Art. 102. Dans les cas de route, de grandes manœuvres, d'évolutions, d'écoles à feu, et autres circonstances dans lesquelles les officiers ou les sous-officiers à solde mensuelle sont dans l'obligation de pourvoir journellement à leurs besoins, il peut leur être fait, sur les fonds généraux de la caisse du corps, et après autorisation spéciale du conseil mentionnée au registre des délibérations, des avances jusqu'à concurrence de quinze jours de solde de présence, indépendamment des sommes dues au moment du départ.

Si les avances ainsi faites comprennent des journées afférentes à deux trimestres, il est ouvert, au moment du payement, une feuille d'émargement au titre du premier mois du trimestre qui suit le départ.

Certificats de cessation de payement.

Art. 103. Tout officier ou sous-officier lié au service pour une durée supérieure à la durée légale, ou commissionné changeant de corps, de résidence, ou entrant en position d'absence, reçoit un certificat de cessation de payement signé par le trésorier, vérifié par le major et revêtu du visa du président du conseil d'administration. Cette pièce mentionne les retenues dont le militaire peut rester passible, tant au profit de l'État que du corps, ou pour dettes contractées envers des particuliers, lorsque le Ministre a autorisé le remboursement direct à ces derniers.

Tout militaire admis à une pension de retraite reçoit un certificat de cessation de payement destiné à déterminer l'entrée en jouissance des premiers arrérages de ladite pension.

Mode de remboursement des sommes payées en trop ou en moins sur le traitement des officiers et sur la solde et les indemnités spéciales aux sous-officiers rengagés ou commissionnés après cinq ans.

Art. 104. Aussitôt qu'il a reçu, vérifiées par le sous-intendant militaire, les feuilles de journées des officiers et des sous-officiers à solde mensuelle, le trésorier dresse des états comparatifs ·

a) Des sommes dont ces feuilles constatent l'allocation au profit : 1° des officiers; 2° des sous-officiers rengagés ou commissionnés, en ce qui concerne leur solde et les indemnités spéciales régularisées par ces feuilles;

b) Des payements qui ont été faits aux uns et aux autres. Ceux qui ont reçu en trop ou en moins y sont désignés nominativement.

Les créanciers reçoivent le complément auquel ils ont droit et les débiteurs versent à la caisse du corps le montant des sommes perçues en trop. Ils émargent l'état comparatif.

Rations perçues en trop ou en moins.

*Art. 105. Le décompte de la valeur des rations de toute nature perçues en trop par les unités administratives pendant *l'année* est établi suivant un tarif arrêté par le Ministre.

Retenues sur la solde des commandants des unités administratives.

Art. 106. La retenue du montant des trop-perçus est opérée sur la solde des commandants d'unités administratives lors du premier payement qui suit l'établissement du décompte de libération de la revue du 4° trimestre de chaque année (1).

Les sommes à retenir font l'objet d'un extrait du registre des distributions. Le montant en est porté directement en recette au titre de la solde.

Du traitement acquis aux officiers ou sous-officiers décédés.

Art. 107 (2). Le traitement acquis aux officiers et aux sous-officiers rengagés et commissionnés qui sont décédés fait l'objet d'un état de solde spécial établi le lendemain du décès, et dont le montant est, après déduction des sommes dues à l'État ou au corps, versé entre les mains des agents des finances au titre de la Caisse des dépôts et consignations.

Cette dernière en demeure comptable envers les héritiers.

CHAPITRE II.

PRÊT.

Dates de payement du prêt aux hommes de troupe.

Art. 108. La solde et les accessoires de solde des hommes de troupe, autres que les sous-officiers à solde mensuelle, sont

---

(1) Toutefois ces prescriptions ne concernent pas les vivres-viande pour lesquels des dispositions spéciales sont prévues. (*B. O.*, É. M., vol. 7.)

(2) Nouvelle rédaction. (Décret du 26 avril 1910, *B. O.*, p. 792.)

payés par le trésorier les 1er et 16 de chaque mois, entre les mains des commandants d'unités administratives, sous le titre de prêt (1).

Mode de perception.

Art. 109. Le prêt est perçu à terme échu.

Toutefois, pour les troupes en marche et pour les corps ou détachements dont les « ordinaires » procèdent par achats directs, le prêt est perçu d'avance, toutes les fois que la nécessité en est reconnue par le conseil d'administration ou par le commandant du détachement.

La perception a lieu sur feuille de prêt, dont le montant est inscrit, en toutes lettres, de la main du commandant de l'unité administrative.

Le trésorier vérifie, avant payement, toute feuille de prêt dont le montant lui paraît anormal.

Le prêt peut être reçu par le sergent-major ou par le maréchal des logis chef (2).

Art. 110. Le montant de la feuille de prêt peut être payé au sergent-major ou au maréchal des logis chef dûment autorisé, en échange de cette feuille, revêtue de l'acquit formulé en toutes lettres et signé par le capitaine commandant l'unité administrative.

Le prêt n'est remis à un autre sous-officier que s'il est porteur d'une autorisation personnelle et spéciale à chaque perception.

Remise immédiate du prêt au commandant de l'unité administrative.

Art. 111. Le sergent-major ou le maréchal des logis chef remet sur-le-champ au capitaine commandant la somme qu'il a touchée chez le trésorier.

Responsabilité pécuniaire du commandant de l'unité administrative.

Art. 112. La disposition de l'article 79, qui rend le commandant de l'unité administrative pécuniairement responsable des sommes payées sur ses quittances, est applicable au cas où il fait recevoir le prêt par le sergent-major ou le maréchal des logis chef.

En cas de détournement ou de perte, le Ministre, d'après les résultats de l'enquête prescrite par le commandant du corps

---

(1) Article modifié. (Décret du 15 mai 1916, *B. O.*, p. 419.)
(2) Voir le règlement du 25 août 1913, art. 103 I, 113 C, 127 A.

d'armée, apprécie les circonstances qui peuvent atténuer ou dégager la responsabilité du commandant de l'unité.

Feuille de prêt. — Perception à terme échu.

Art. 113. Lorsque le prêt est perçu à terme échu, le décompte s'établit d'après le nombre de journées de présence qui figure sur la feuille de journées pendant la période correspondante.

Feuille de prêt. — Perception à l'avance.

Art. 114. Lorsque le prêt est perçu à l'avance, le décompte s'établit en prenant pour base l'effectif des présents au jour de la perception.

Les augmentations et les diminutions sont portées sur la feuille de prêt suivante, à l'exception de celles qui concernent le dernier prêt du trimestre. Celles-ci font l'objet d'une feuille supplémentaire, s'il y a un moins-perçu.

Cas d'incorporations dans l'intervalle d'un prêt à l'autre.

Art. 115. Lorsque, par suite d'incorporations dans le courant d'un prêt, le commandant de l'unité administrative se trouve dépourvu de fonds, il peut établir une feuille de prêt spéciale.

Cas de passage du pied de paix au pied de guerre et réciproquement.

Art. 116. Il est établi des feuilles de prêt distinctes pour le pied de paix et pour le pied de guerre.

Bordereau récapitulatif des feuilles de prêt.

Art. 117. Le trésorier récapitule, dans un bordereau, les feuilles de prêt dont il a payé le montant dans la journée et en porte immédiatement le total en dépense au registre-journal.

État comparatif des allocations et des perceptions pour solde de la troupe. Bordereau récapitulatif des états comparatifs.

Art. 118. Dès que les feuilles de journées ont été vérifiées par le sous-intendant militaire, chaque commandant d'unité administrative dresse un état comparatif des sommes qu'il a reçues pendant le trimestre et de celles dont ces feuilles constatent l'allocation au profit de l'unité administrative.

Les états comparatifs sont remis au trésorier qui certifie leur exactitude conjointement avec les commandants des unités administratives.

Les sommes perçues en trop sont reversées par les commandants d'unités, et le montant des moins-perçus leur est remis par le trésorier.

Les états comparatifs du trimestre sont récapitulés par le trésorier dans un bordereau qu'il certifie et dont le montant est porté au journal sous un seul article de recette ou de dépense.

Lorsque le corps est divisé, les états comparatifs sont envoyés aux commandants des détachements (1) qui procèdent au recouvrement des débets et au payement des créances comme il a été dit ci-dessus.

Destination à donner aux feuilles de prêt.

Art. 119. Les feuilles de prêt sont déposées aux archives après la vérification trimestrielle de la comptabilité par le sous-intendant militaire.

CHAPITRE III.

DISPOSITIONS PARTICULIÈRES AUX DÉTACHEMENTS.

Fonds nécessaires aux fractions du corps éloignées de la résidence du conseil.

Art. 120. Les fonds nécessaires aux diverses portions du corps éloignées du siège du conseil leur sont adressés en suivant les règles posées à l'article 94.

Les commandants de ces portions ne peuvent établir des états de solde que lorsqu'ils sont officiers et qu'ils y ont été autorisés par le conseil d'administration. La décision motivée du conseil doit être inscrite au registre des délibérations et au livret de solde dont ils sont détenteurs.

TITRE VIII.

Masses.

CHAPITRE UNIQUE.

DES MASSES EN GÉNÉRAL.

Objet des masses.

Art. 121. Les masses sont des fonds d'abonnement destinés à subvenir à forfait à des dépenses d'une nature déterminée. Une

---

(1) Et de la portion principale lorsqu'il y a lieu.

réglementation spéciale à chaque masse fixe les allocations de toute nature dont elle fait recette, ainsi que les dépenses auxquelles elle doit faire face.

Emploi des masses.

Art. 122. Le conseil administre les masses. Il a le devoir d'apporter dans l'emploi des fonds mis à sa disposition l'ordre, la régularité et l'économie. Il ne doit pas dépasser les crédits qui lui sont alloués.

Il dispose librement de ces crédits et sans autorisation préalable, sous les réserves ci-après :

1° Se renfermer dans les limites de prix et de quantités, fixées par les règlements ou instructions;

2° Se conformer aux modèles-types;

3° Assurer le bon fonctionnement du service;

4° Affecter exclusivement à des dépenses afférentes au service que doit assurer chacune des masses la dotation qui lui est accordée.

Economies et virements.

Art. 123. Les économies réalisées par les corps de troupe sur leurs fonds de masses leur demeurent acquises.

Elles peuvent, sur autorisation du Ministre, donner lieu dans le même corps à des virements au profit d'une masse moins prospère.

Nivellement des recettes effectuées par certaines masses.

Art. 124. En ce qui concerne la masse de harnachement et la masse de ferrage et d'entretien du harnachement, le Ministre peut prescrire, entre les corps de même arme, des nivellements portant sur les produits de la vente des fumiers, de manière à ramener à un taux moyen la recette par cheval.

Payement des matières, effets ou objets achetés par les corps.

Art. 125. Les matières, effets ou objets achetés au compte des masses sont payés aux fournisseurs sur la production de quittances ou de mémoires pour les matières et objets de consommation courante, et de factures pour les effets et objets à prendre en charge dans les comptes-matières.

Ces quittances, mémoires et factures revêtus de l'acquit du livrancier, ou appuyés soit de traites acquittées, soit de déclarations de versement au Trésor, justifient les dépenses inscrites au registre-journal des recettes et des dépenses.

Les pièces justificatives sont établies distinctement par masse.

Les dépenses acquittées le même jour et autres que celles qui concernent les achats de matériel comportant une prise en charge dans les comptes-matières peuvent être récapitulées, par le trésorier, dans un bordereau établi par masse et faisant l'objet d'une seule inscription au registre-journal des recettes et des dépenses.

Payement des réparations d'effets au compte des fonds particuliers.

Art. 126. Les réparations au compte des fonds particuliers sont payées par les soins du trésorier. A cet effet, les pièces de dépenses de chaque unité administrative sont, en fin de trimestre, récapitulées par le commandant de l'unité dans un bordereau et transmises à l'officier d'habillement qui, après vérification, les adresse au trésorier sous bordereau récapitulatif.

Effets et objets reçus des magasins de l'Etat à charge de remboursement.

Art. 127. La valeur des effets et objets reçus des magasins de l'Etat ou prélevés sur les approvisionnements de l'Etat dont le corps a la gestion est remboursée par la masse qui doit supporter la dépense, soit par voie de déduction sur les états de payement des primes de ladite masse, soit par voie de versement au Trésor.

Compte annuel d'emploi des masses.

Art. 128. Dès que la centralisation du quatrième trimestre est arrêtée, il est établi, pour chaque masse, un compte d'emploi en double expédition.

Après vérification par les fonctionnaires de l'intendance militaire, une expédition est transmise au Ministre, l'autre est renvoyée au corps avec les pièces justificatives.

Cas de mobilisation.

Art. 129. A partir du premier jour de la mobilisation, le fonctionnement des masses est suspendu; les effets, objets et matières sont fournis, renouvelés et entretenus soit au compte de l'Etat, soit au compte de la masse générale d'entretien qui doit fonctionner à la mobilisation (vol. 8).

L'avoir en argent de chaque masse est versé au Trésor; le débet est supporté par l'Etat sous toutes les réserves de droit.

TITRE IX.

Matériel.

CHAPITRE PREMIER.

DISPOSITIONS GÉNÉRALES

SECTION I. — APPROVISIONNEMENTS.

Détermination et formation des approvisionnements.

Art. 130. La nature, l'importance et l'objet des approvisionnements de matériel sont déterminés par les règlements spéciaux à chaque service.

Les corps sont pourvus du matériel qui leur est nécessaire soit par les établissements de l'Etat, soit par d'autres corps, soit au moyen d'achats ou de confections qu'ils sont autorisés à effectuer directement.

Division des approvisionnements dont le corps a la gestion.

Art. 131. Les approvisionnements dont le corps a la gestion se divisent en matériel appartenant à l'Etat et en matériel appartenant au corps :

1° *Matériel appartenant à l'Etat.*

Ce matériel comprend :

a) Le matériel du service courant;

b) Sauf les exceptions prévues par les instructions ministérielles (1), le matériel de la réserve de guerre constitue en vue de la mobilisation du corps de troupe ou des unités de la réserve ou de l'armée territoriale qui lui sont rattachées administrativement, quel que soit l'emplacement de ces divers approvisionnements.

Le corps est simplement gérant d'annexe en ce qui concerne le matériel constitué pour des unités rattachées à d'autres corps et dont il a la charge.

---

(1) Instruction du 30 décembre 1902 pour l'application du règlement sur la comptabilité-matières (*B. O.*, É. M., vol. 27).

2° *Matériel appartenant au corps.*

Ce matériel comprend l'approvisionnement du corps et les approvisionnements des unités administratives, au compte des diverses masses.

Entretien des approvisionnements.

Art. 132. Les approvisionnements dont le corps a la gestion doivent être maintenus constamment en bon état d'entretien. Toutes les fois que cela est possible, le matériel en magasin doit être renouvelé par échange avec des objets identiques ou similaires de confection plus récente.

Les matières premières et les accessoires nécessaires aux confections sont pris dans les approvisionnements appartenant aux corps, fournis par les chefs ouvriers ou achetés dans le commerce.

Si ces matières ou accessoires sont prélevés sur les approvisionnements de l'Etat, leur valeur est remboursée au Trésor.

Approvisionnements de la réserve de guerre.

Art. 133. Indépendamment de la comptabilité ordinaire prévue par les articles 154 et suivants, les corps de troupe tiennent pour les approvisionnements de la réserve de guerre la comptabilité spéciale prescrite par le règlement sur la comptabilité des matières appartenant au Département de la guerre (1).

Ces approvisionnements ne peuvent être ni accrus ni diminués, même momentanément, sans un ordre du Ministre modifiant les états de fixation.

Il est interdit en principe de les employer, même temporairement, aux besoins du service courant; toutefois, il est fait exception en ce qui concerne certains matériels dont la mise en service est autorisée par des règlements spéciaux.

De même, le Ministre peut autoriser exceptionnellement des prélèvements temporaires effectués dans les conditions prescrites par le règlement précité.

Cas de mobilisation.

Art. 134. a) *Réserve de guerre.* — Le premier jour de la mobilisation, tout le matériel de la réserve de guerre passe au ser-

---

(1) Décret du 26 décembre 1902, instruction du 30 décembre 1902 et circulaire du 2 août 1905, vol. 27.

rice courant, pour être distribué conformément aux instructions spéciales du Ministre.

b) Matériel appartenant au corps. — Les masses cessant de fonctionner à partir du premier jour de la mobilisation, le matériel appartenant au corps est, à la même date, pris en charge aux diverses sections correspondantes du registre du matériel appartenant à l'Etat.

SECTION II. — CLASSEMENT DU MATÉRIEL.

Classement dans les écritures intérieures du corps.

Art. 135 (1). Le matériel est classé, dans la comptabilité intérieure des corps, d'après les nomenclatures déterminées par le règlement sur la comptabilité-matières et suivant les divisions ci-après :

1° Matériel appartenant à l'Etat.

SECTION   I. — Service de santé (nomenclature **G**).
—   II. — Habillement et campement (nomenclature **HI**).
—   III. — Remonte générale (nomenclature **L**).
—   IV. — Harnachement (nomenclature **M**).
—   V. — Artillerie et équipages militaires (nomenclature **N**).
—   VI. — Génie (nomenclature **P**).
—   VII. — Ecoles (nomenclatures $Q^{I, II, III, IV}$).
—   X. — Matériel hors de service (nomenclatures diverses).
—   XI. — Chauffage et éclairage (nomenclature E^I).

2° Matériel appartenant au corps.

1re subdivision — Matériel au compte de la masse d'habillement (nomenclature **HI**).

2e subdivision. — Matériel au compte :

    a) De la masse de harnachement (corps de troupe d'infanterie et de cavalerie) (nomenclatures diverses);

---

(1) Modifié par les décrets des 22 juin et 21 septembre 1907 (*B. O.*, p. 794 et 1452).

b) De la masse de ferrage et d'entretien du harnachement (corps de troupe de l'artillerie, du train des équipages et du génie) (nomenclatures diverses).

3e subdivision. — Matériel au compte de la masse de couchage et d'ameublement.

4e subdivision. — Matériel au compte de la masse des écoles (nomenclatures $Q^{I, II, III}$ IV).

5e subdivision. — Matériel au compte de la masse de casernement (nomenclature P).

6e subdivision. — Matériel au compte de la masse de chauffage et d'éclairage (nomenclature E^I).

Matériel classé hors de service.

*Art. 136. Le matériel classé hors de service comprend :

1° Le matériel appartenant au corps, reconnu hors de service par le conseil d'administration, les commandants de la portion principale, des détachements et des unités administratives;

2° Les effets et objets appartenant à l'État classés hors de service suivant décision du sous-intendant militaire;

3° Le matériel mis hors de service par la faute des détenteurs ou par suite d'événements de force majeure;

4° Le matériel réformé.

SECTION III. — RÈGLES GÉNÉRALES D'EXÉCUTION DES SERVICES DU MATÉRIEL.

Demandes de livraison de matériel.

Art. 137. a) *Magasins administratifs.* — Les conditions dans lesquelles doivent être établies, adressées et satisfaites les demandes de matériel aux magasins administratifs sont déterminées par les règlements spéciaux.

b) *Achats dans le commerce.* — Les dispositions particulières aux demandes et aux livraisons de matériel sont déterminées par les cahiers des charges ou par des instructions ministérielles.

Transports de matériel. — Dispositions particulières aux fractions détachées de la portion centrale.

Art. 138. Les mouvements de matériel sont effectués dans les conditions prescrites par le règlement sur la comptabilité-matières.

Toutefois, lorsque le matériel est expédié directement sur une fraction du corps autre que la portion centrale, soit par les magasins de l'État, soit par d'autres corps ou services, soit par des fournisseurs, le commandant de cette fraction donne, comme délégué du conseil d'administration, décharge au transporteur, après vérification du nombre, du poids et de l'état des colis.

Après réception régulière du matériel, les factures d'expédition sont adressées, avec les pièces justificatives spéciales aux détachements, à la portion centrale ou au dépôt, suivant que les comptes-matières sont tenus à l'une ou l'autre de ces portions du corps. La prise en charge y est faite dans les conditions prescrites.

Réception des matières, effets et objets.

*Art. 139. La réception des matières, effets et objets comportant une prise en charge, s'effectue d'après les principes posés par le règlement sur la comptabilité des matières (1).

Marquage du matériel.

*Art. 140. Les marques des effets dont la réception régulière est assurée par le corps sont apposées par les soins de la commission de réception.

Mise en service du matériel. — Réintégrations en magasin.

Art. 141. Les distributions portent, à moins d'ordres contraires du Ministre, sur les effets et objets en cours de durée, et, s'il s'agit d'effets neufs, sur ceux qui sont de plus ancienne confection.

Les réintégrations en magasin ne s'appliquent qu'aux effets ou objets appartenant à l'État ou au corps, mis gratuitement à la disposition des unités et des services ainsi qu'aux objets appartenant aux unités et classés hors de service.

Dispositions particulières aux détachements.

Art. 142. Si le conseil d'administration juge préférable de faire desservir *directement* par la portion centrale les unités ou services d'un détachement non pourvu de magasin et peu éloigné, ou même de la portion principale, s'il y a lieu, les distributions et réintégrations s'effectuent directement entre le magasin commun et ceux des unités administratives.

(1) Décret du 26 décembre 1902 et instruction du 30 décembre 1902, vol. 27.

Dépôt en magasin des armes, effets ou objets dont les détenteurs
s'absentent.

Art. 143. Les armes et les munitions que les hommes, entrant
en position d'absence, ne doivent pas emporter sont déposées
dans le magasin du corps, avec un bulletin de dépôt. Les armes
sont visitées et, s'il y a lieu, réparées.

Le dépôt est facultatif pour les absences ne dépassant pas
quinze jours.

Les effets et objets autres que les armes et munitions sont
déposés au magasin de l'unité.

Réforme du matériel.

Art. 144. Le matériel figurant dans les comptes du corps, et
devenu hors de service par suite d'usure ou de changement de
modèle, est réformé conformément aux règles spéciales et aux
instructions du Ministre pour chaque nature de matériel.

Toutefois, la réforme n'est pas applicable :

1º Aux effets du service de l'habillement que les commandants
d'unités administratives versent au magasin du corps comme
inutilisables;

2º Aux effets et objets achetés au compte des masses et que le
conseil d'administration ou les commandants de la portion principale ou des détachements jugent inutilisables;

3º Aux théories, règlements, placards et autres objets livrés
gratuitement et dont le remplacement est demandé par les corps
de troupe;

4º Aux armes et au matériel du service de l'artillerie et des
équipages militaires.

Les armes et le matériel de l'artillerie et des équipages militaires, hors d'état d'être réparés ou transformés au corps, sont
versés à un établissement de l'artillerie.

Destination à donner au matériel hors de service.

*Art. 145. Le matériel hors de service est versé aux Domaines
pour être vendu au profit du Trésor, à l'exception :

1º Des effets ou objets de toute nature qui peuvent être utilisés
par le corps ou par d'autres corps pour les réparations et
les besoins intérieurs;

2º De ceux qui peuvent être utilisés dans les services de l'artillerie, de santé, etc...

Magasins.

Art. 146. Le matériel appartenant à l'Etat et le matériel appartenant au corps sont emmagasinés séparément.

Les approvisionnements au compte des fonds particuliers sont placés dans des locaux distincts, par unité administrative et par masse (habillement et harnachement).

Le matériel doit être arrimé et étiqueté de façon à en permettre le facile et prompt recensement.

Recensements de matériel.

Art. 147. Les fonctionnaires de l'intendance procèdent inopinément, ainsi qu'aux époques fixées par les règlements, au recensement partiel ou général des matières et objets existant en magasin et en service dans les corps de troupe.

Ils consignent les résultats sommaires de leurs recensements sur les comptes de gestion et les registres des entrées et sorties (Etat et corps).

Dans le cas d'excédent ou de déficit, il est procédé ainsi qu'il est prescrit au règlement sur la comptabilité-matières.

SECTION IV. — PERTES ET DÉGRADATIONS. — IMPUTATIONS.

§ 1er. — PERTES ET DÉGRADATIONS IMPUTABLES AU CORPS.

Mode d'imputation pour pertes ou mises hors de service et dégradations, par la faute des hommes, d'effets ou objets de literie, de casernement, etc., dont le corps n'a pas la gestion.

Art. 148. Le montant des pertes et dégradations d'effets ou objets de literie, de casernement, d'hôpital ou d'autre matériel de l'Etat et des dégradations dans les bâtiments militaires provenant de la faute des hommes de troupe autres que les adjudants, chefs armuriers et maîtres selliers, est payé trimestriellement aux ayants droit ou versé au Trésor, selon le cas, à la charge de la masse d'habillement (fonds particuliers) ou de la masse de casernement (1).

L'officier de casernement récapitule dans un bordereau le mon-

____

(1) Pour les dégradations chez l'habitant, voir *B. O.*, É. M., vol. 58 et 100.

tant des pertes et dégradations imputables à chaque unité administrative.

Le mode de constatation et de régularisation de ces pertes et dégradations est indiqué dans les règlements spéciaux.

Mode d'imputation pour pertes ou mises hors de service et dégradations, par la faute des hommes, des effets ou objets dont le corps a la gestion.

*Art. 149. Les pertes ou mises hors de service et dégradations des effets d'habillement ou de harnachement constituant l'approvisionnement de l'unité administrative ne donnent lieu à aucune imputation, si elles proviennent de la faute des hommes de troupe autres que les adjudants, chefs armuriers et maîtres selliers.

Lorsque des effets ou objets dont le corps a la gestion, à l'exception de ceux mentionnés à l'alinéa ci-dessus, sont perdus ou mis hors de service par la faute des hommes, le montant de la perte ou de la moins-value est imputé à la masse d'habillement (fonds particuliers).

Mode d'imputation à certaines catégories de militaires.

*Art. 150. Le montant des imputations à faire, pour pertes ou dégradations provenant de leur fait, à des officiers ou à d'autres détenteurs n'ayant pas droit aux allocations de la masse d'habillement, est déterminé par le conseil et versé directement entre les mains du trésorier, qui demeure chargé d'opérer, s'il y a lieu, le versement au Trésor.

Ces imputations et les motifs de la décision du conseil font l'objet d'une inscription au registre des délibérations.

Il en est de même pour les imputations faites aux commandants des unités administratives pour les pertes de matériel qui engagent leur responsabilité pécuniaire.

Décompte des sommes à imputer pour détérioration, mise hors de service ou perte de matériel.

*Art. 151. Les sommes à imputer pour détérioration, mise hors de service ou perte de matériel doivent, en principe, correspondre à la valeur de l'objet perdu ou mis hors de service ou au montant des frais de main-d'œuvre et des fournitures employées pour mettre le matériel dans l'état où il était avant la dégradation.

§ II. — PERTES ET DÉGRADATIONS IMPUTABLES A L'ÉTAT.

Pertes ou détériorations par cas de force majeure.

Art. 152. Les pertes et détériorations provenant d'événements de force majeure dûment constatés sont supportées par l'Etat.

Les comandants d'unités administratives ou autres officiers détenteurs de matériel les signalent sans retard, et sous leur responsabilité, au conseil d'administration ou au commandant de la portion du corps à laquelle ils appartiennent. Leur rapport, revêtu de l'avis de l'autorité à laquelle ils ont rendu compte, est adressé d'urgence au sous-intendant militaire qui constate les faits à l'aide d'un procès-verbal décompté suivant les prescriptions de l'article précédent.

Le sous-intendant militaire, après enquête, peut décider la mise au compte de l'Etat des pertes, moins-values ou frais de réparations dont le montant ne dépasse pas 200 francs.

Au-dessus de 200 francs et jusqu'à 1.000 francs, le directeur de l'intendance statue, sauf revision du Ministre. A cet effet, il transmet au Ministre, dans les dix premiers jours de chaque trimestre, une expédition des procès-verbaux qu'il a approuvés pendant le trimestre précédent.

La décision du directeur de l'intendance est immédiatement exécutoire, sauf modification ultérieure, dans le cas où le Ministre ne la maintient pas.

Au delà de 1.000 francs, la décision est réservée au Ministre, sauf pour les pertes de chevaux, au sujet desquelles le sous-intendant militaire statue, quel que soit le montant du procès-verbal.

Dans les cas où les pertes et détériorations provenant d'événements de force majeure intéressent plusieurs services, le fonctionnaire de l'intendance chargé de la vérification des comptes du corps établit un procès-verbal unique comprenant l'ensemble des pertes, mais les indiquant distinctement par service. Ce procès-verbal, accompagné d'extraits séparés pour le matériel de chaque service, ainsi que des rapports et pièces d'instruction, est, lorsque le directeur de l'intendance n'est pas compétent pour statuer, adressé au Ministre, sous le timbre du service qui supporte la perte la plus importante.

Les extraits sont renvoyés au directeur de l'intendance par les services intéressés, avec la mention de la décision intervenue.

Les limites dans lesquelles les fonctionnaires de l'intendance ont droit de décision, d'après le présent article, doivent s'entendre comme se rapportant à l'ensemble des pertes portées au procès-verbal d'ensemble.

Si l'événement a entraîné des pertes dans plusieurs corps, il est établi un procès-verbal par corps. Tous ces procès-verbaux sont adressés au Ministre sous le timbre du service le plus intéressé.

Les dispositions qui précèdent ne sont pas applicables au matériel de l'artillerie et du génie dit de la deuxième catégorie.

Si les pertes ou détériorations concernent du matériel n'appartenant pas à l'administration de la guerre et entraînent une dépense à la charge de l'État, alors qu'aucun règlement ou instruction n'en prescrit l'imputation sur l'un des chapitres du budget afférents aux divers services du matériel, cette dépense est provisoirement imputée aux fonds divers, jusqu'à ce que le Ministre ait prononcé le remboursement au corps.

Les décisions prises par les fonctionnaires de l'intendance sont susceptibles de recours auprès du Ministre.

Le sous-intendant enregistre les procès-verbaux et conserve les minutes dans ses archives. Il établit, s'il y a lieu, les expéditions à transmettre au directeur de l'intendance et au Ministre.

Le corps établit toutes les copies ou les extraits dont il a besoin pour justifier les dépenses et les sorties et les fait signer par le sous-intendant militaire.

Pertes ou mises hors de service et dégradations provenant du fait
des réservistes et territoriaux.

Art. 153. Les pertes ou mises hors de service et dégradations provenant du fait des réservistes ou territoriaux sont constatées et régularisées dans les conditions indiquées à l'article précédent.

Toutefois, sur le procès-verbal établi, les mots : « cas de force majeure », sont remplacés par l'expression : « résultant de l'appel des hommes de la réserve (ou de l'armée territoriale) ».

SECTION V. — COMPTABILITÉ DU MATÉRIEL.

Comptes et écritures.

*Art. 154. La comptabilité du matériel dont les corps de troupe ont la gestion est tenue conformément aux prescriptions du règlement sur la comptabilité-matières; elle s'établit par des *comptes annuels* et par des *écritures journalières*, appuyés de pièces justificatives.

Les comptes annuels ont pour but de justifier de la gestion ou de l'administration du conseil vis-à-vis de l'Etat; ils concernent, par suite, l'ensemble du matériel géré ou administré par le corps et sont suivis à la portion centrale. Seul le conseil d'administration a qualité pour faire entrer du matériel dans les comptes, ou pour l'en faire sortir. En conséquence, tout matériel entrant ou sortant dans les autres portions du corps que la portion centrale ou dans les annexes du corps doit préalablement passer, en écritures, dans les magasins de la portion centrale.

Ces comptes comprennent :

1° Pour le matériel appartenant à l'Etat, un *compte de gestion*, par service, tenu dans les conditions prescrites par le règlement sur la comptabilité-matières et par les instructions ministérielles pour l'application dudit règlement (1);

2° Pour le matériel appartenant au corps, *des inventaires estimatifs* établis en fin d'année, au titre de chaque masse.

Les écritures journalières fournissent au conseil d'administration les éléments nécessaires à l'établissement de ses comptes et permettent, d'autre part, aux différentes parties ou annexes du corps, aux unités et aux services de justifier auprès du conseil de leur gestion ou de leur administration.

Ces écritures sont tenues auprès de chacun des magasins où se trouve alloti du matériel (*y compris les annexes du corps*); elles enregistrent tous les mouvements concernant ce matériel dans des documents distincts pour le matériel de l'Etat et le matériel du corps, les premiers étant arrêtés annuellement, les autres trimestriellement en ce qui concerne *les masses d'habillement et de harnachement* et annuellement pour les autres masses. Enfin, elles font ressortir séparément le matériel en magasin et le matériel en service, l'existant réel de chacun d'eux pouvant être obtenu, à tout instant, par la simple balance des écritures qui le concernent, partout où ces écritures sont tenues.

Elles comprennent :

1° *Pour le matériel en magasin, des registres d'entrée et de sortie*, tenus auprès de chaque magasin séparé (2) (portion cen-

_____

(1) *B. O., É. M.*, vol. 27 et circulaire d'application du 2 août 1905.

(2) Le magasin du corps de la portion centrale ou celui du dépôt, lorsque les magasins sont séparés de la portion centrale, porte seul le titre de *Magasin commun*. Les magasins d'autres corps de troupe ou services

trale, portion principale s'il y a lieu, détachements, annexes et unités administratives);

2° *Pour le matériel en service, des carnets-inventaires du matériel en service tenus par chacune des parties qui détiennent ce matériel.*

Mouvements de matériel.

Art. 155. Dans les corps de troupe, le matériel est susceptible des mouvements ci-après :

1° Mouvements intérieurs ou mouvements entre la portion centrale et les autres portions du corps ou les annexes et inversement;

2° Mouvements extérieurs ou mouvements à la charge du conseil d'administration ou à sa décharge;

2° Distributions et réintégrations.

Mouvements entre la portion centrale et les autres portions de corps ou les annexes.

*Art. 156. Tout *envoi* de matériel de la portion centrale à une autre portion du corps ou à une annexe est justifié par un bulletin *d'envoi*.

Tout *renvoi* de matériel à la portion centrale est justifié par un bulletin de renvoi.

Les bulletins d'envoi (ou de renvoi), établis en double par l'expéditeur, sont adressés au destinataire qui conserve une expédition comme pièce d'entrée et retourne l'autre à la fraction expéditrice, comme pièce de sortie.

Lorsque les mouvements ont lieu entre deux portions du corps autres que la portion centrale, l'expéditeur opère en écritures comme s'il renvoyait le matériel à la portion centrale; de son côté, cette portion établit des bulletins d'envoi comme si elle avait expédié elle-même le matériel au réceptionnaire. Ces dispositions sont applicables aux gérants d'annexes.

Mouvements à la charge du conseil d'administration ou à sa décharge. Prise en charge.

*Art. 157. Tout matériel provenant des établissements de l'État, d'autres corps ou services, d'achats ou de confections,

---

où se trouve alloti du matériel de l'État entretenu pour des unités rattachées au corps, constituent des *Annexes*. Lorsque ce matériel est alloti dans des magasins autres que le magasin commun, les commandants des fractions de corps qui l'entretiennent sont directement constitués gérants 'annexes.

d'excédents constatés, etc., c'est-à-dire tout matériel faisant entrée dans les comptes-matières est pris en charge à la portion centrale, par le conseil d'administration qui établit, le cas échéant, les pièces justificatives.

De même, tout matériel expédié à des établissements de l'État et à d'autres corps ou services, employé aux confections ou réparations, faisant l'objet de déficits constatés, de pertes ou mises hors de service par cas de force majeure ou par la faute des détenteurs, etc., c'est-à-dire tout matériel sortant des comptes-matières, à la décharge du conseil, est porté en sortie à la portion centrale.

Lorsque du matériel est expédié directement de l'extérieur sur une portion du corps autre que la portion centrale, son chef adresse à la portion centrale, en même temps que les factures d'expédition, un bulletin *d'envoi* en double expédition comprenant le matériel inscrit sur ces factures. Un des bulletins lui est retourné, après signature, pour appuyer ses écritures.

Si la portion principale ou un détachement envoie directement du matériel à un établissement de l'État, à un autre corps ou service, son chef adresse, en double expédition, un bulletin de renvoi à la portion centrale qui établit les factures et les envoie au destinataire. L'un des deux bulletins lui est renvoyé, après signature, pour appuyer ses écritures.

Il en est de même quand il s'agit d'entrées et de sorties justifiées par des certificats administratifs, par des extraits de procès-verbaux et par des talons d'états d'imputations.

Les règles qui précèdent sont également applicables aux annexes.

Distributions et réintégrations.

*Art. 158. Les distributions ont lieu à titre gratuit ou à titre remboursable.

Les distributions à titre gratuit sont faites par les différents magasins, sur bons non décomptés signés des commandants d'unités ou des chefs de service et visés par le major ou le commandant du détachement.

Les distributions à titre remboursable sont faites sur bons mensuels (habillement) et trimestriels (harnachement de la cavalerie) ou sur bons décomptés signés soit des parties prenantes (officiers et adjudants), soit des chefs de services, et visés par le major ou le chef de détachement.

Les distributions gratuites et remboursables sont enregistrées dans chaque magasin distribuant directement du matériel aux unités, services ou autres parties prenantes, sur un *registre-journal des distributions et des réintégrations* dont l'arrêté trimestriel est mentionné en une seule ligne aux registres des entrées et des sorties (État ou corps, suivant le cas). Il en est de même pour les matières remises aux chefs ouvriers; la balance en est faite sur le *registre des comptes ouverts avec les chefs ouvriers*.

Les réintégrations n'ont lieu qu'à titre gratuit, sauf dans quelques cas particuliers prévus par les règlements, où elles peuvent donner lieu à remboursement (1).

Dispositions particulières aux unités.

Art. 159. Dans les unités administratives, le registre des entrées et des sorties ne comprend que le matériel qui leur appartient (*habillement et harnachement de la cavalerie*); en outre, le registre-journal des distributions et des réintégrations est remplacé par la 2ᵉ partie du registre des entrées et des sorties sur lequel les capitaines sont tenus d'inscrire, au jour le jour, toutes les distributions et réintégrations, et dont l'arrêté mensuel est reporté en une seule ligne respectivement aux entrées et aux sorties de la 1ʳᵉ partie; enfin, le carnet-inventaire du matériel en service est remplacé par *la 2ᵉ partie du registre de comptabilité*.

Carnets spéciaux à certains services.

Art. 160. Indépendamment du carnet-inventaire du matériel en service, les chefs de service tiennent les documents prescrits par les règlements spéciaux à leur service (*santé, service vétérinaire, remonte générale, armement, lits militaires, musique, etc.*).

Contrôles généraux et contrôles spéciaux.

Art. 161. L'officier d'habillement tient pour certains objets ou effets, comportant affectation spéciale dans les unités administratives, soit à un homme de troupe. soit à un cheval ou mulet, des *contrôles généraux*, savoir : pour les armes, pour les outils portatifs, pour les effets de harnachement de l'artillerie, des équipages militaires et du génie, pour les équipages régimentaires et d'état-major et pour les instruments de musique. La tenue de ce dernier contrôle est confiée au chef de musique.

Il est tenu, en outre, dans chaque unité administrative intéressée, des contrôles spéciaux pour les armes, les outils porta-

____

(1) Les réintégrations sont, dans ce cas, appuyées de factures (entrée et sortie) décomptées.

tifs, les bicyclettes, les effets de harnachement de la cavalerie et de l'artillerie, des équipages militaires et du génie.

Echantillons et modèles-types.

Art. 162. Les échantillons et modèles-types sont inscrits sur un carnet. La valeur des existants au 31 décembre est reportée en une seule ligne au compte de gestion.

Comptes de gestion.

Art. 163. Les comptes de gestion sont tenus au jour le jour.

Un compte spécial y est ouvert à chaque unité détaillée de la nomenclature, en réservant, pour chacune d'elles, le nombre de lignes supposées nécessaires.

Les mouvements, à la charge du conseil et à sa décharge, inscrits au jour le jour et au fur et à mesure de leur exécution, sur le registre des entrées et sorties du matériel appartenant à l'Etat, sont reportés au compte de gestion dès que la pièce justificative peut être mise à l'appui de l'inscription.

Le 1er mars de chaque année, au plus tard, l'expédition du compte de gestion, certifiée par le conseil d'administration et appuyée des pièces justificatives, est remise au sous-intendant militaire. Ce fonctionnaire, après l'avoir vérifiée et arrêtée, l'adresse, avec les pièces à l'appui, au directeur de l'intendance du corps d'armée, pour être transmise après nouvelle vérification au Ministre avant le 1er mai.

Inventaires estimatifs du matériel au compte des masses

Art. 164. Il est dressé, en fin d'année, au titre de chaque masse un inventaire présentant, par nature de matériel et par chapitre de la nomenclature, la valeur des matières, effets et objets existant au 31 décembre.

Une expédition de cet inventaire, dont la minute reste au corps, est remise au sous-intendant militaire en même temps que le compte annuel de la masse auquel elle reste annexée.

Ce fonctionnaire, après vérification et rapprochement avec les comptes-matières du corps, adresse les inventaires et les comptes annuels au directeur de l'intendance du corps d'armée, qui les récapitule et les transmet au Ministre dans les conditions prescrites par le règlement sur la comptabilité-matières et les règlements spéciaux.

Les minutes des inventaires estimatifs sont mises à l'appui des expéditions des comptes annuels conservés dans les archives du corps.

TITRE X.

Réserve de l'armée active et armée territoriale.

CHAPITRE PREMIER.

RÉSERVISTES ET HOMMES DE L'ARMÉE TERRITORIALE PRÉSENTS DANS LES UNITÉS ACTIVES.

Mode d'administration.

Art. 165. Le présent règlement est applicable à l'administration des militaires de la réserve de l'armée active convoqués pour une période d'instruction et des militaires de l'armée territoriale présents au même titre dans des unités de l'armée active.

Les officiers et les hommes de troupe forment des catégories distinctes sur les registres et dans la comptabilité des corps, savoir :

Première catégorie : Militaires de la réserve de l'armée active;
Deuxième catégorie : Militaires de l'armée territoriale.

CHAPITRE II.

CORPS DE RÉSERVE ET CORPS DE L'ARMÉE TERRITORIALE.

Mode d'administration.

*Art. 166. L'administration et la comptabilité des corps de troupe de réserve et de l'armée territoriale sont régies par le présent règlement.

Le conseil d'administration du corps actif est chargé de l'administration du corps de réserve et de celle du corps territorial qui lui sont rattachés.

Le commandant d'une compagnie ou d'une section de l'armée active formant corps est également chargé de l'administration de la compagnie ou de la section territoriale correspondante.

Il n'est tenu qu'une seule comptabilité pour le corps actif, pour le corps de réserve et pour le corps territorial. A cet effet, la perception des allocations acquises aux officiers et aux hommes de troupe des corps de réserve et des corps territoriaux est effectuée, au titre du corps actif, dans les mêmes conditions que celle des allocations dues aux officiers et aux hommes de troupe du corps actif lui-même. Les dépenses du corps de réserve et du corps territorial sont également comprises dans la comptabilité des dépenses du corps actif.

Toutefois, en temps de paix, les revues trimestrielles de liquidation font ressortir les allocations d'une manière distincte pour l'armée active, pour la réserve et pour l'armée territoriale.

Administration des unités provisoires de réservistes créées
dans les corps actifs.

Art. 167. Les règles relatives à l'administration et à la comptabilité des corps de réserve et de l'armée territoriale sont applicables aux unités provisoires de réservistes créées, pendant les périodes d'instruction, dans les corps actifs.

TITRE XI.

Surveillance de l'administration ; vérification et régularisation des comptes.

CHAPITRE PREMIER.

ACTION DU COMMANDEMENT.

Autorités chargées de la surveillance de l'administration
des corps de troupe.

Art. 168. L'administration intérieure des corps de troupe, dont la direction appartient, conformément aux prescriptions de la loi du 16 mars 1882, article 21, à un conseil présidé par le chef de corps, est placée sous la surveillance du général commandant le corps d'armée, responsable de l'administration du corps d'armée (article 9 de la loi), des généraux de division et des généraux de brigade (article 12 de la loi, volume 64).

Les devoirs du commandement à cet égard sont déterminés par les trois derniers alinéas de l'article 10 de la loi, savoir :

Veiller à ce que les troupes soient pourvues de tout ce qui leur est alloué par les règlements et les décisions ministérielles;

S'assurer que les approvisionnements des magasins sont au

complet déterminé par le Ministre, en bon état d'entretien et disponibles pour l'entrée en service;

Tenir la main à ce que les lois et règlements soient exactement appliqués.

Exercice de la surveillance de l'administration des corps de troupe.

Art. 169. Pour exercer la surveillance dont ils sont chargés sur l'administration intérieure des corps de troupe et couvrir la responsabilité qui leur incombe de ce chef, les officiers généraux procèdent à toutes les opérations matérielles et à toutes les vérifications de comptes qu'ils jugent utiles.

Ils peuvent toutefois donner délégation, permanente ou temporaire, selon les circonstances, de leurs pouvoirs de surveillance sur les actes administratifs des conseils, aux sous-intendants militaires chargés de la vérification des comptes, soit à l'occasion des vérifications et des régularisations qui sont dans les attributions légales de ces fonctionnaires, soit exceptionnellement et d'une façon inopinée.

CHAPITRE II.

ACTION DES FONCTIONNAIRES DE L'INTENDANCE.

SECTION I. — ACTION PROPRE DES FONCTIONNAIRES DE L'INTENDANCE.

Dispositions générales.

Art. 170. Aux termes de l'article 23 de la loi du 16 mars 1882, les fonctionnaires de l'intendance militaire *sont chargés de la vérification et de la régularisation des dépenses en deniers et en matières effectuées sur la caisse et sur les magasins des corps, en vertu des décisions du conseil d'administration.*

Ils ont toute initiative pour effectuer ces vérifications, qui embrassent les recettes comme les dépenses, les entrées comme les sorties, et pour procéder périodiquement ou inopinément aux vérifications de caisses et aux recensements de matériel qui en sont la conséquence, sans autre obligation que celle de se conformer aux règlements en vigueur.

Ils prescrivent les redressements et rectifications nécessaires,

Les contestations qui se produisent sont réglées par le commandement dans les formes prévues par ces règlements (vol. 64).

Les sous-intendants vérifient de cette façon toutes les comptabilités qui sont tenues dans les corps de troupe; ils vérifient et régularisent de même les pièces justificatives qui appuient ces comptabilités.

Seul, l'emploi des fonds des ordinaires échappe aux vérifications que les fonctionnaires de l'intendance effectuent spontanément en vertu de leurs pouvoirs propres, en raison du caractère spécial de ces fonds, qui ne sont pas des deniers publics; les sous-intendants militaires n'ont à en connaître que par délégation du commandement, dans les conditions prévues à l'article précédent.

Ils procèdent à des revues d'effectif dans les conditions prévues par le règlement sur la solde et les revues, lorsqu'ils en reçoivent l'ordre des généraux. Ils provoquent les ordres nécessaires quand ils le jugent utile.

Le directeur de l'intendance dirige les sous-intendants militaires dans le service des vérifications qui rentrent dans leurs attributions propres; il procède par instructions à cet égard et profite de ses passages dans les places pour s'assurer que cette partie du service est bien exécutée; il prescrit à ses subordonnés les redressements nécessaires.

Il se fait adresser par les sous-intendants des comptes rendus dans lesquels ces fonctionnaires doivent signaler les remarques importantes auxquelles ont donné lieu leurs opérations.

Le directeur de l'intendance rend compte au général commandant le corps d'armée et provoque, de sa part, les décisions qu'il juge utile de lui proposer au sujet du fonctionnement du service de vérification des comptes et des résultats constatés.

Prescriptions de détail relatives aux vérifications
des sous-intendants militaires.

Art. 171. Les fonds, les registres et les pièces à l'appui sont représentés aux sous-intendants militaires toutes les fois qu'ils le demandent.

Lorsque des registres de comptabilité leur ont été envoyés sur leur invitation pour des vérifications périodiques, ils doivent les renvoyer au plus tard huit jours après leur réception, ou, sans aucun délai, quand un fonctionnaire du contrôle en fait la demande. Le livret de comptes courants avec le Trésor ne doit jamais être déplacé.

Vérifications sur pièces.

Art. 172. Les sous-intendants militaires vérifient sur pièces : 1° trimestriellement, la comptabilité en deniers et la comptabilité du matériel des masses d'habillement et de harnachement appartenant soit au fonds commun, soit aux fonds particuliers; 2° annuellement, les comptes du matériel appartenant à l'État et ceux du matériel des masses autres que celles de l'habillement et du harnachement, les inventaires estimatifs et tous les comptes annuels d'emploi.

Ajournement de l'envoi des pièces à fournir par les détachements.

Art. 173. Lorsque, dans les portions de corps stationnés dans une autre région de corps d'armée que la portion centrale, des irrégularités sont constatées à la suite des vérifications de comptabilité, les sous-intendants militaires en informent immédiatement le directeur de l'intendance, sous les ordres duquel ils sont placés; ils peuvent, lorsqu'il importe essentiellement que les pièces lui soient communiquées, en faire suspendre l'envoi au conseil d'administration.

Le directeur de l'intendance de la région, dès qu'il a pris connaissance des faits qui lui sont signalés, transmet le rapport du sous-intendant militaire à l'intendant de la région de corps d'armée où réside le conseil et lui donne avis des mesures administratives qu'il a prescrites.

Arrêté de la comptabilité.

Art. 174. Le sous-intendant militaire vérifie le registre-journal des recettes et des dépenses, le registre de centralisation, les registres des entrées et des sorties du matériel et ceux des comptes ouverts avec les chefs ouvriers, dans les quinze jours qui suivent l'époque à laquelle les inscriptions de ces registres ont pu être closes et certifiées par le conseil.

Il s'assure, lors de ses vérifications périodiques, de la bonne tenue des registres qui ne comportent pas d'arrêté de compte et de la régularité des écritures concernant l'administration intérieure des unités administratives.

Il consigne au registre des délibérations, après avoir entendu les explications du conseil d'administration, les rectifications ou observations qu'il juge nécessaires.

Relevé annuel du registre de centralisation.

Art. 175. Dès que la centralisation du 4ᵉ trimestre est arrêtée, il est établi un relevé sommaire annuel du registre de centralisation. Le sous-intendant vérifie ce document, y reproduit les rectifications ou observations consignées par lui au registre des délibérations et le transmet au Ministre, en même temps que les comptes annuels d'emploi des masses.

Timbre d'annulation sur les pièces de comptabilité.

Art. 176. Après la vérification et l'arrêté de la centralisation du 4ᵉ trimestre, le sous-intendant militaire frappe d'un timbre d'annulation toutes les pièces de comptabilité produites au titre de l'exercice expiré.

SECTION II. — ACTION EXERCÉE PAR DÉLÉGATION.

Action exercée par délégation.

Art. 177. Lorsque le général commandant le corps d'armée ou les généraux commandant les divisions ou les brigades ont délégué, en totalité ou en partie, leurs pouvoirs de surveillance aux fonctionnaires de l'intendance, ceux-ci examinent, dans la limite de la délégation qu'ils ont reçue, les actes même d'administration des corps de troupe, c'est-à-dire les faits dont la comptabilité n'est que la représentation; ils adressent aux conseils d'administration des demandes d'explications qu'ils signent par délégation du général dont ils tiennent leurs pouvoirs et transmettent à celui-ci les réponses et explications des conseils, en y joignant leurs avis et propositions. Ils réunissent, s'il y a lieu, les conseils d'administration pour discuter les questions et obtenir les éclaircissements nécessaires.

Ainsi renseigné, le général statue.

TITRE XII.

Registres et documents tenus dans les corps. — Destination à donner à ceux qui cessent d'être utilisés.

Registres et documents tenus dans les corps. — Dispositions générales.

*Art. 178. Les instructions reproduites en tête des imprimés commerciaux donnent tous les renseignements nécessaires pour la tenue des registres ou carnets concernant l'administration des corps de troupe et mentionnés dans le présent règlement. Elles indiquent l'autorité chargée de coter et de parapher ces documents.

Les autres registres ou carnets à tenir, pièces ou documents à établir, sont déterminés par les règlements spéciaux et par les instructions en vigueur.

Conservation, dans les archives du corps, des registres et pièces à garder comme renseignements. — Versement ultérieur aux Domaines.

Art. 179. Les registres sur lesquels il ne doit plus être fait d'inscriptions, les revues de liquidation, les feuilles de journées et autres pièces qui se rattachent aux comptes arrêtés sont conservés pendant dix ans dans les archives du corps. Les registres à souche des certificats d'origine de blessures ou de maladies sont conservés pendant trente ans.

À l'expiration de ces délais, ils sont, sauf les exceptions mentionnées à l'article suivant, versés à l'administration des domaines, sur inventaire établi en deux expéditions et soumis à l'approbation du sous-intendant militaire.

Papiers qui ne doivent pas être remis aux Domaines.

Art. 180. Ne sont pas remis aux Domaines :

1° Les papiers qui peuvent être utilisés par le corps ou par les services de l'armée;

2° Ceux qui, ne pouvant sans inconvénient être mis dans la circulation, doivent être incinérés par les soins du corps. Il est dressé de ces papiers un inventaire spécial. L'incinération est constatée, au pied de l'inventaire, par le sous-intendant militaire.

Registres matricules à envoyer au Ministre.

Art. 181. Les registres matricules des officiers et les feuillets matricules des hommes du contingent, des engagés, des rengagés et des commissionnés sont conservés jusqu'à l'époque où le Ministre prescrit de lui en faire l'envoi.

TITRE XIII.

. Dispositions concernant les troupes en campagne.

Dispositions générales.

Art. 182. Les dispositions qui précèdent sont applicables aux troupes en campagne, sauf les modifications qui font l'objet du règlement spécial sur l'administration et la comptabilité des troupes en campagne.

TITRE XIV.

Dispositions finales.

Exécution du présent règlement.

Art. 183. Le Ministre de la guerre est chargé d'assurer l'exécution du présent règlement et de fixer la date de sa mise en vigueur.

Abrogation des dispositions antérieures au présent règlement.

*Art. 184. Sont abrogés : le décret du 14 janvier 1889, portant règlement sur l'administration de la comptabilité des corps de troupe, ainsi que tous les décrets ou décisions présidentielles l'ayant complété ou modifié, notamment :

1889.	1ᵉʳ sept.	Décision présidentielle modifiant l'article 177 du décret du 14 janvier 1889.
1889.	17 sept.	Décision présidentielle fixant le mode d'envoi de fonds aux fractions de corps détachées.
1894.	26 févr.	Décret réglementant les attributions et les responsabilités des officiers comptables dans les corps où les emplois de trésorier et d'officier d'habillement sont réunis et fusionnés.
1895.	17 oct.	Décret sur l'administration des corps de troupe de réserve et de l'armée territoriale rattachés aux corps de troupe de l'armée active.
1897.	24 févr.	Décision présidentielle relative à l'administration des groupes de batteries d'artillerie détachées.
1900.	1ᵉʳ oct.	Décision présidentielle relative à la régularisation des perceptions de porc salé.

1900. 14 oct. Décision présidentielle relative à l'administration du bataillon de télégraphistes créé par la loi du 24 juillet 1900.

1901. 22 mars. Décision présidentielle modifiant l'article 200 du décret du 14 janvier 1889 sur l'administration et la comptabilité des corps de troupe.

1901. 22 mars. Décision présidentielle modifiant les articles 4 et 9 du décret du 14 janvier 1889 en ce qui concerne l'administration des portions détachées des régiments du génie.

1901. 12 juill. Décret portant modification à l'article 176 du décret du 14 janvier 1889 sur l'administration et la comptabilité des corps de troupe.

1902. 24 janv. Décision présidentielle modifiant l'article 155 du décret du 14 janvier 1889, en ce qui touche la valeur des fumiers des chevaux logés en ville.

1902. 19 mars. Décision créant un registre à souche des certificats d'origine de blessures ou de maladie.

1902. 29 mai. Décision présidentielle modifiant les articles 1, 2, 3, 4, 6 et 8 du décret du 14 janvier 1889, sur l'administration et la comptabilité des corps de troupe.

1902. 17 juin. Décision présidentielle modifiant les articles 58, 71 et 210 du décret du 14 janvier 1889, en ce qui concerne la conservation des registres et documents de comptabilité.

1904. 11 août. Décision présidentielle modifiant, en ce qui concerne l'administration des compagnies du génie stationnées en Algérie, certaines dispositions du décret du 14 janvier 1889.

1905. 22 avril. Décret modifiant les règlements en vigueur sur l'administration des corps de troupe. (*Parties concernant le décret du 14 janvier 1889.*)

1905. 14 juill. Décret portant modification de l'article 162 du décret du 14 janvier 1889 sur l'administration et la comptabilité des corps de troupe.

Fait à Paris, le 20 mars 1906.

A. FALLIÈRES.

Par le Président de la République :

Le Ministre de la guerre,

Eug. ETIENNE.

Instruction pour l'application du règlement sur l'administration des corps de troupe.

(Direction de l'Intendance militaire; Bureau de la Solde.)

Paris, le 20 mars 1906.

Afin de maintenir l'homogénéité de la réglementation, aucune modification susceptible d'avoir une répercussion sur les dispositions de la présente instruction ne pourra être présentée à la signature du Ministre que sur le rapport du service intéressé, d'accord avec la Direction de l'Intendance, après avis de la Direction du Contrôle et de la Direction du Contentieux et de la Justice militaire.

Pour faciliter les rapprochements, les numéros des articles de l'instruction sont les mêmes que ceux des articles du règlement auxquels ils correspondent.

Formation et dissolution des corps de troupe.

Art. 1er. § 1. *Objet des procès-verbaux.* — Les procès-verbaux de formation, de dissolution et de dédoublement doivent présenter, savoir :

1° *Ceux de formation.*

Les résultats de la revue d'effectif passée, conformément aux prescriptions du règlement sur le service de la solde, par le fonctionnaire de l'intendance militaire, en présence de l'officier général chargé de la formation ou de la dissolution du corps;

Le tableau nominatif par grade des officiers et assimilés qui doivent faire partie du nouveau corps avec indication de leur origine;

L'effectif et, pour les officiers, la composition nominative des cadres de chaque unité administrative;

La composition du conseil d'administration;

La date à partir de laquelle le corps doit entrer en jouissance des allocations qui lui sont attribuées.

2° *Ceux de dissolution.*

Les résultats de la revue d'effectif passée par le fonctionnaire de l'intendance militaire, en présence de l'officier général;

Le tableau nominatif, par grade, des officiers et assimilés, avec indication de la destination qui leur a été assignée;

L'indication de la destination donnée aux hommes de troupe;

Celle donnée aux chevaux et mulets;

La situation de la caisse du corps;

Les existants en magasin et la destination à leur donner;

La date à laquelle les prestations en deniers cesseront d'être allouées au corps;

La situation des fonds de l'ordinaire et la destination à leur donner;

Les noms des officiers qui, d'après les ordres du Ministre, demeureront chargés de la reddition des comptes;

La destination à donner, après l'apurement des comptes, aux fonds des diverses masses;

Le mode de régularisation des trop ou moins-perçus constatés par les revues générales de liquidation;

La destination à donner aux registres matricules et aux archives.

3° Ceux de dédoublement de compagnies, escadrons ou batteries.

Les résultats de la revue d'effectif passée par le fonctionnaire de l'intendance militaire, en présence de l'officier général;

Le tableau nominatif, par grade, des officiers, avec indication de ceux qui doivent composer les cadres de chacune des compagnies, escadrons ou batteries dédoublés;

La composition des cadres et l'effectif de chacune de ces unités;

La répartition entre les compagnies, escadrons ou batteries dédoublés, de chacune des sommes perçues à l'avance, à titre de prêt, ainsi que la répartition, au prorata des effectifs, des fonds de l'ordinaire et de l'avoir des masses (fonds particuliers).

§ II. *Les procès-verbaux sont dressés en un seul original. Destination à leur donner.* — Les procès-verbaux de formation ou de dissolution de corps, ainsi que ceux de dédoublement, de formation ou de dissolution de compagnies, escadrons ou batteries, sont dressés en un seul original qui reste entre les mains du fonctionnaire de l'intendance militaire.

Trois copies, certifiées conformes par ce fonctionnaire de l'intendance, reçoivent les destinations suivantes : les deux premières sont adressées, en suivant la voie hiérarchique, au Ministre, l'une par l'officier général chargé de la formation ou de la dis-

solution du corps, sous le timbre de la Direction d'arme intéressée, l'autre, par le sous-intendant, sous le timbre de la Direction de l'intendance militaire (Bureau de la Solde et des Revues).

La troisième est déposée aux archives du corps.

Les procès-verbaux sont transcrits sur les registres des délibérations des conseils d'administration et, à défaut, au registre
journal des recettes et des dépenses.

§ III. *Procès-verbaux constatant la reddition des comptes.* —
Les fonctionnaires de l'intendance constatent l'entière et complète reddition des comptes du corps dissous.

Cette constatation donne lieu à l'établissement d'un procès-
verbal qui est transcrit au registre des délibérations du conseil
ou, à défaut, au registre-journal des recettes et des dépenses.

Une copie de cet acte est adressée au Ministre.

Marchés.

Art. 16. § I. *Passation des marchés par les conseils d'administration.* — Les marchés passés directement par les corps de
troupe sont des contrats sous seing privé. Toutefois, les conseils
se conforment, pour ces opérations, aux dispositions générales
concernant les marchés passés par l'administration de la
guerre (vol. 25).

Les corps doivent se maintenir dans la limite de prix fixés par
les diverses nomenclatures ou par des décisions ministérielles.
Ils ne doivent jamais perdre de vue que ces prix représentent
des maxima au-dessous desquels ils pourront généralement traiter, s'ils savent faire un judicieux appel à la concurrence. Ils
doivent provoquer les offres du plus grand nombre possible de
fournisseurs ou d'entrepreneurs et se faire adresser des échantillons, s'il n'existe pas de modèles-types.

Avant de traiter avec un commerçant, les conseils d'administration s'assurent, en consultant le répertoire spécial tenu par
le sous-intendant militaire ou son suppléant, que ce commerçant n'est pas exclu des adjudications et marchés du Département de la guerre (1).

§ II. *Lotissement des fournitures.* — Il y a toujours intérêt à
spécialiser les fournitures au compte des diverses masses, de façon à provoquer la plus grande concurrence possible et à obtenir des produits de bonne qualité.

---

(1) Alinéa nouveau. (Circulaire du 1ᵉʳ août 1908, *B. O.*, p. 1377.)

La nature et l'importance des lots varient suivant les ressources locales, la nature et l'importance du service à assurer. Mais, en général, chacun d'eux ne doit comprendre que des objets de même nature.

§ III. *Marchés par adjudications publiques.* — Les corps se conforment aux principes posés par les instructions pour la passation des marchés du Département de la guerre (vol. 25).

§ IV. *Marchés de gré à gré précédés de concours.* — a) APPELS D'OFFRES. — Lorsque le conseil doit passer un marché se rapportant à des matières, effets ou objets pour lesquels il existe des modèles-types, un avis, établi par l'officier d'habillement et signé du major, au nom du conseil, est envoyé au plus grand nombre possible de fournisseurs présentant les garanties désirables.

Dans le cas où il n'existe pas de modèles-types, cet avis fait également connaître si les offres doivent être appuyées d'échantillons.

Si les quantités à fournir ne peuvent être évaluées exactement, il convient de spécifier qu'il ne s'agit que de quantités approximatives et les renseignements chiffrés portés sur l'avis ne constituent plus dès lors que des indications destinées à établir le décompte de chaque lot.

L'avis, complété et signé par les fournisseurs, est renvoyé, dans la forme et les délais indiqués, au président du conseil d'administration; il est alors considéré comme une soumission et engage le signataire.

b) DÉPOUILLEMENT DES SOUMISSIONS EN SÉANCE DU CONSEIL ET PASSATION DU MARCHÉ. — Le conseil procède, en séance, au dépouillement et au classement des soumissions, ainsi qu'au décompte de chaque lot.

Les marchés, ne comportant pas l'envoi d'échantillons, sont passés avec les soumissionnaires qui, pour l'ensemble de chaque lot, ont demandé les prix les moins élevés.

A égalité de prix, le marché est passé avec le soumissionnaire dont les fournitures antérieures ont été les plus satisfaisantes, ou dont l'échantillon a été reconnu de meilleure qualité.

Les soumissionnaires qui en expriment le désir, par une mention sur l'état de leurs offres et qui envoient un timbre pour la réponse sont informés du nom de l'adjudicataire et du montant de l'offre acceptée par le conseil d'administration.

c) EXAMEN ET CLASSEMENT DES ÉCHANTILLONS. — Si des échantillons sont joints aux soumissions, l'examen et le classement en sont faits avant l'ouverture des soumissions par la commission de réception du corps. Le rejet de l'échantillon ne réunissant pas les conditions exigées entraîne celui de la soumission à laquelle il était joint (1).

§ V. *Marché de gré à gré sans appel à la concurrence.* — Ces marchés ne doivent embrasser qu'une durée aussi restreinte que possible.

Toutefois, les *marchés d'abonnement* avec les chefs ouvriers du corps sont toujours passés pour une année au moins. Il en est de même pour le blanchissage des effets.

§ VI. *Cahier des charges.* — Pour l'établissement des cahiers des charges, les corps s'inspirent des dispositions des cahiers des clauses et conditions générales imposées aux titulaires des marchés du Département de la guerre (vol. 25).

§ VII. *Enregistrement des délibérations relatant les passations des marchés.* — Les procès-verbaux relatant les passations des marchés sont enregistrés sur le registre des délibérations; ils spécifient les offres faites par les divers fournisseurs, le résultat du dépouillement effectué et les raisons qui ont motivé, s'il y a lieu, l'élimination de l'offre la plus avantageuse.

§ VIII. *Livraison, distribution et payement des fournitures qui ne comportent pas de prise en charge dans les comptes-matières.* — Les matières et objets achetés dans le commerce sont, à moins de stipulations contraires dans les marchés ou cahiers des charges les régissant, livrés, distribués et payés d'après les règles suivantes :

a) DISTRIBUTION PAR LE MAGASIN COMMUN. — S'il est fait approvisionnement, au magasin commun, de matières, effets et objets achetés, soit à l'extérieur, soit sur place, le payement des fournisseurs est effectué par le conseil d'administration sur les fonds généraux du corps, et la distribution est faite aux unités et services, contre remboursement, sur la production de bons de distribution décomptés.

b) COMMANDES COLLECTIVES. — S'il n'est pas constitué d'approvisionnement au magasin commun, le conseil d'administration

---

(1) La commission, en raison de sa compétence spéciale, procède à l'examen préalable des échantillons au lieu et place du conseil.

peut prescrire que les bons de fournitures des unités et des services, établis à des dates fixées par lui, seront récapitulés dans un « bon général » par l'officier d'habillement, en vue d'en faire une commande unique au fournisseur.

Dans ce cas, les fournitures sont livrées aux magasins des diverses portions du corps et distribuées immédiatement aux partie prenantes, sans qu'il en soit fait inscription au carnet des objets et matières de consommation.

Le payement a lieu sur mémoires ou quittances établis au compte de chaque unité ou service qui doit supporter la dépense

§ IX. *Dispositions diverses.* — *a*) TIMBRE ET ENREGISTREMENT (1) — Tous les marchés, quelle que soit leur forme, passés directement par les corps de troupe sont assujettis à la double formalité du timbre et de l'enregistrement.

Les droits de timbre et d'enregistrement auxquels donnent lieu les marchés sont à la charge de leurs titulaires.

Les conseils d'administration devront insérer dans le texte des marchés une disposition spéciale qui spécifiera que, « pour » la perception des droits d'enregistrement, le montant du » marché est évalué à... », et stipulera que le montant des droits d'enregistrement et de timbre est à la charge du fournisseur.

La preuve de l'enregistrement devra être faite au corps lors du premier payement à effectuer sur chacun des marchés passés.

Les délais dans lesquels les marchés doivent être soumis à la formalité de l'enregistrement sont de trois mois pour les marchés passés sous-seings privés et de vingt jours dans les autres cas.

Un marché est passé sous-seings privés lorsque sa validité n'est pas subordonnée à l'approbation d'un fonctionnaire de l'intendance ou de toute autre autorité administrative.

b) FRAIS DE CORRESPONDANCE. — Les frais de correspondance, d'affichage, d'impression et de publicité, occasionnés par la passation des marchés, sont supportés par la masse intéressée.

§ X. *Attributions de l'officier d'habillement.* — Les achats de matériel de toute nature, susceptible d'être pris en charge par le

---

(1) Texte nouveau. (Modifications du 10 août 1920, *B. O.*, p. 3147.)

corps, sont opérés par l'intermédiaire de l'officier d'habillement, et ce matériel ne peut être remis, par ce dernier, aux divers services intéressés qu'après inscription régulière dans ses comptes.

§ XI. *Passation de marchés régionaux ou locaux par le service de l'intendance ou par des commissions de garnison.* — En vue d'assurer une gestion plus économique, le Ministre peut prescrire, pour certaines fournitures (matières et objets nécessaires à l'entretien du casernement; charbon de terre et combustibles d'éclairage; ingrédients divers pour l'entretien des effets, etc.), la passation de marchés par région ou par place de garnison. Suivant le cas, ces marchés sont passés par le service de l'intendance ou par des commissions locales dans lesquelles les corps et services techniques intéressés sont représentés.

Remise de fonds aux fractions détachées.

Art. 25. Le montant de l'avance faite aux fractions détachées, quels que soient le motif et la durée du détachement, est porté en dépense au registre-journal tenu par le comptable qui a fait l'avance. Il en est de même des sommes qui seraient ultérieurement envoyées, au cours de l'absence, aux portions détachées qui continuent à être administrées directement par le conseil.

Les portions de corps détachées tiennent un registre-journal des recettes et dépenses.

Au retour, le trésorier règle avec les détachements, il fait recette du restant en caisse, s'il en existe.

Surveillance permanente de tous les détails d'administration.

Art. 43. § I. *Détachements.* — Le major peut être autorisé, par le chef de corps, à se rendre dans les détachements pour vérifier la comptabilité et pour opérer des recensements; il peut également se faire envoyer les registres avec les pièces à l'appui.

§ II. *Fonctionnaire-major.* — Quand les fonctions de major sont remplies par un capitaine, celui-ci n'a aucune surveillance à exercer sur la gestion des commandants des unités administratives. Il surveille leur comptabilité et s'assure qu'il y a concordance entre les écritures et celles des divers services.

Les rectifications sont prescrites, le cas échéant, par le chef de corps.

Conditions de validité des payements.

Art. 60. Le payement sur traites est obligatoire pour les fournisseurs et créanciers qui habitent en dehors de la garnison.

Les traites et toutes autres preuves de versement sont toujours jointes aux factures et quittances, ou mentionnées sur ces pièces comptables.

Pour le payement de l'indemnité de route, l'émargement de l'intéressé sur le registre de route tient lieu de quittance.

L'officier d'habillement est chargé du matériel.

Art. 64. Le service de l'officier d'habillement embrasse toutes les opérations relatives au matériel telles que : prise en charge, après réception régulière, du matériel provenant des magasins de l'État, des ateliers du corps, des fournisseurs et d'autres corps; emmagasinement, entretien et conservation du matériel renfermé ou déposé dans les magasins mis à sa disposition; remise aux chefs ouvriers des matières et accessoires nécessaires aux confections; transformations et réparations, pose d'insignes ou d'attributs, lorsque ces fournitures n'incombent pas aux commandants d'unités administratives; délivrance aux commandants d'unités et aux divers agents du conseil des effets, matières et objets nécessaires à l'exécution de leur service; réception des effets et objets qu'ils ont à réintégrer en magasin; versements et expéditions.

Cas où l'officier d'habillement n'est pas à la portion centrale.

Art. 69. Par application de l'article 38, le conseil peut déléguer à l'officier d'habillement la signature de certaines pièces comptables, particulièrement de celles qui n'intéressent que la comptabilité intérieure du corps et des documents produits à titre de simples renseignements. Toutefois, la correspondance directe avec les fournisseurs lui reste interdite.

L'exactitude des pièces comptables, des registres et des autres documents qui doivent être signés par tous les membres du conseil est, au préalable, certifiée par l'officier d'habillement. Ce dernier énonce, s'il y a lieu, en toutes lettres, sur lesdites pièces, les sommes à payer.

L'officier d'habillement reçoit du major les ordres et les instructions relatifs à son service et il correspond directement avec lui, pour tout ce qui concerne le service du matériel.

Chefs ouvriers. — Confections, transformations et réparations

Art. 71. § 1. *Travaux confiés aux ateliers des corps.* — En principe, les confections, transformations et réparations que le corps est chargé d'effectuer sont confiées aux ateliers régimentaires. Toutefois, en cas d'insuffisance de la main-d'œuvre militaire, les corps peuvent employer la main-d'œuvre civile pour l'exécution de ces travaux.

A cet effet, ils peuvent traiter directement avec des entrepreneurs civils ou autoriser leurs premiers ouvriers à employer des ouvriers civils pour l'exécution des travaux qui leur sont confiés. Dans ce dernier cas, les matières premières sont toujours fournies par les maîtres ouvriers, y compris le fil.

Il est formellement interdit aux chefs ouvriers de sous-traiter avec des entrepreneurs. Toutes les fois qu'ils ont recours à la main-d'œuvre civile, ils sont tenus de se conformer aux dispositions réglementant les conditions du travail dans les marchés de l'Etat, et une clause, dans ce sens, est obligatoirement inscrite dans tous les marchés que les conseils d'administration passent avec leurs chefs ouvriers.

Les travaux confiés à la main-d'œuvre civile peuvent être exécutés soit en ville, dans les logements mêmes des ouvriers, soit dans des locaux spécialement loués au dehors des casernes, soit enfin dans les locaux du casernement affectés aux ateliers du corps.

Le chef de corps prend les mesures nécessaires pour que cette main-d'œuvre soit utilisée avec le plus grand profit possible, sans que la discipline ait à en souffrir.

Il est interdit aux premiers ouvriers de prendre part, en concurrence avec l'industrie civile, aux adjudications ou aux concours restreints auxquels peuvent donner lieu les fournitures nécessaires à l'armée. A moins d'ordre spécial du Ministre, résultant de circonstances tout exceptionnelles, ils ne peuvent effectuer de travaux et fournitures pour d'autres corps, y compris les troupes de la gendarmerie. Il leur est également défendu d'avoir une clientèle civile.

Ces ouvriers (tailleurs, cordonniers, bottiers et selliers) sont autorisés à confectionner des effets d'uniforme pour tous les officiers et employés militaires de l'armée active, de la réserve et de l'armée territoriale. Ils peuvent aussi fournir des effets civils aux officiers et employés militaires de l'armée active. Ils sont autorisés, pour ces travaux, à employer des ouvriers civils; mais ces derniers ne sont pas admis dans les ateliers du corps.

Toute mesure de publicité leur est interdite.

Par suite, ils doivent s'abstenir d'une façon absolue d'adresser des circulaires, prospectus ou tarifs et de se livrer à toute propagande pour augmenter leur clientèle.

Les premiers ouvriers ne peuvent vendre d'effets aux sous-officiers et soldats autres que les adjudants et maîtres selliers. En outre, il leur est interdit de vendre ou de confectionner des objets ne rentrant pas dans leur spécialité.

Enfin, les premiers ouvriers tailleurs ne doivent faire emploi dans les confections et réparations de toute nature qu'ils ont à effectuer pour le compte des corps que de draps dûment reçus et estampillés par les commissions de réception des magasins administratifs.

§ II. *Comptabilité des réparations* (1). — A) RÉPARATIONS DE CLERC A MAITRE. — Il est fait usage dans chaque unité administrative de bulletins décomptés, établis distinctement par masse. Ces bulletins sont remis aux maîtres ouvriers, en même temps que les objets à réparer, après avoir été enregistrés à la 3° partie du registre de comptabilité. Les dépôts des effets aux ateliers et les reprises sont constatés sur un carnet émargé par le maître ouvrier et par le gradé chargé de ces opérations.

En fin de trimestre, le commandant de l'unité établit, par masse, un bordereau récapitulant, pour chaque maître ouvrier, les bulletins de réparations fournis dans le courant du trimestre et le remet à l'officier d'habillement. Ce dernier établit, à son tour, un bordereau récapitulatif, dans lequel il place les bordereaux partiels et les bulletins des unités, et envoie ces pièces au trésorier chargé d'effectuer les payements.

Le bordereau récapitulatif de l'officier d'habillement sert de pièce justificative de dépense et est émargé pour quittance par les chefs ouvriers.

Les bulletins des réparations faites aux effets des subsistants portent une mention spéciale; ils sont récapitulés, séparément par masse et par corps, dans des bordereaux établis en double expédition. L'une des deux expéditions est adressée au corps d'origine qui opère le remboursement correspondant.

B) RÉPARATIONS A L'ABONNEMENT. — Dans ce cas, il n'est pas fait usage de bulletins décomptés; les réparations sont payées sur état d'émargement.

§ III. *Réparations effectuées par les chefs ouvriers au compte de l'État, du fonds commun (masse d'habillement et de harnachement) et des autres masses.* — Les réparations au compte de

---

(1) Pour les réparations à l'armement voir les dispositions particulières : B. O., É. M., vol. 19

l'Etat, du fonds commun (masses d'habillement et de harnachement) et des autres masses sont effectuées sur quittances ou mémoires, certifiés par les chefs de services intéressés et vérifiés par l'officier d'habillement qui en assure la transmission au trésorier chargé d'acquitter la dépense.

§ IV. *Surveillance des réparations.* — Il appartient au commandant de l'unité de vérifier que toutes les réparations prescrites sont convenablement exécutées. L'officier d'habillement s'en assure également au cours des visites journalières qu'il doit faire dans les cahiers.

Toutes les contestations sont soumises au major et au besoin au conseil d'administration.

Remboursement des avances faites pour l'exécution des différents services.

Art. 86. § I. *Services que les corps de troupe peuvent avoir à assurer au moyen d'avances sur les fonds généraux de leur caisse.* — Les services que les corps peuvent avoir à assurer au moyen d'avances faites sur les fonds généraux de leur caisse, et pour lesquels ils doivent établir des relevés, sont énumérés dans la première colonne du tableau, ci-après, donnant la nomenclature des pièces à produire à l'appui de ces relevés.

Les règlements spéciaux indiquent les conditions dans lesquelles les corps de troupe sont autorisés à engager des dépenses de cette nature.

§ II. *Établissement des pièces justificatives.* — Les pièces justificatives doivent être établies en observant les prescriptions du règlement du 3 avril 1869 (vol. 24) pour l'exécution, en ce qui concerne le Département de la guerre, du décret du 31 mai 1862 sur la comptabilité publique (vol. 23) et de l'instruction sur la liquidation des dépenses (1) (vol. 26 *bis*).

§ III. *Distinctions des dépenses et des pièces justificatives.* — Les dépenses à titre d'avance doivent être faites et les pièces justificatives établies distinctement par exercice (2), par division et subdivision de la nomenclature des dépenses de la guerre

---

(1) Nota. — Les modèles des quittances, mémoires ou factures sont également donnés par l'instruction sur la liquidation des dépenses.

(2) On ne doit comprendre dans les comptes d'un exercice que les dépenses se rapportant à des faits consommés pendant la période du 1er janvier au 31 décembre.

publiée annuellement au *Bulletin officiel* du ministère de la guerre, c'est-à-dire par chapitre, et, dans chaque chapitre, par article, paragraphe et rubrique du budget.

Les factures concernant les achats que les corps de troupe font pour le compte de l'État ne doivent pas comprendre de dépenses d'autre nature. Ces factures sont récapitulées sur des relevés spéciaux.

§ IV. *Timbres secs ou humides.* — Lorsque les factures ou mémoires ont été établis sur du papier timbré à l'avance, l'empreinte des timbres secs ou humides ne doit pas être couverte d'écriture ni altérée de quelque manière que ce soit (art. 21 de la loi du 13 brumaire an VII).

§ V. *Payement des dépenses.* — Les payements doivent être effectués dans les conditions prescrites par le règlement du 3 avril 1869 (1).

Les traites, établies sur papier empreint du timbre proportionnel et acquittées, remplacent, le cas échéant, à l'appui des factures non revêtues de l'acquit des créanciers, les quittances isolées dont la production est autorisée par ce règlement.

Il convient de veiller à la stricte observation de la formalité de l'acquit sur les traites présentées à l'encaissement par un tiers porteur.

Deux cas peuvent se présenter :

1er cas. — L'effet de commerce (la traite) n'est pas mis en circulation, mais confié seulement à l'administration des postes ou à toute autre agence de recouvrement n'agissant qu'en cette qualité, et dans ce cas le tireur doit, au préalable, acquitter ledit effet pour habiliter le porteur à procéder à l'encaissement.

2e cas. — L'effet est mis en circulation, c'est-à-dire endossé au nom de tiers successifs. Dans ce cas, c'est le dernier bénéficiaire au profit duquel l'effet est endossé qui a seul qualité pour mettre l'acquit exigé par le règlement.

Les fonds reçus par les corps pour assurer les divers services du matériel étant employés à peu près dans les mêmes conditions que ceux qui proviennent des avances faites aux comptables des services régis par économie, les conseils d'administration ont à remplir, pour les dépenses acquittées directement, les mêmes formalités que ces comptables (2).

---

(1) Voir page 156, l'instruction du 31 mai 1918, au sujet du payement par chèques.

(2) B. O., É. M., vol. 24 *ter*. — En outre, conformément à l'article 174 du règlement sur la comptabilité des dépenses du ministère de la guerre, les

§ VI. *Délais de production des titres de créances.* — Les conseils d'administration doivent exiger la production des factures ou mémoires dans les délais déterminés par les marchés ou conventions.

Ces délais doivent être fixés de manière à permettre une prompte régularisation (1).

§ VII. *Détail par nature de dépenses, à porter sur les pièces justificatives.* — Les factures, mémoires ou quittances font ressortir, pour ordre, distinctement les sommes afférentes à chacune des divisions de détail mentionnées à la colonne 2 de la nomenclature ci-annexée. Ce développement, dressé sous forme récapitulative, est établi à l'encre rouge.

§ VIII. *Envoi au sous-intendant militaire des relevés des dépenses et des pièces justificatives.* — Les relevés, avec les pièces justificatives à l'appui, sont envoyés au sous-intendant militaire, en double expédition, dans la première quinzaine de chaque trimestre pour le trimestre écoulé, ou de chaque année pour l'année expirée (2).

Une des expéditions des relevés, appuyée des pièces justificatives timbrées, s'il y a lieu, est destinée à l'ordonnancement; l'autre expédition, appuyée des mêmes pièces sur papier libre, est destinée à la liquidation.

Lorsque le payement d'un mémoire ou d'une facture a été effectué au moyen d'une traite, il n'est pas nécessaire de joindre une copie de cette traite à l'expédition du mémoire ou de la facture destinée à la liquidation; ces pièces reçoivent simplement l'inscription, par les soins du sous-intendant militaire, du mode de payement, du montant et de la date.

§ IX. *Remboursement du montant des relevés des dépenses.* —

conseils d'administration ne pourront procéder au payement des dépenses qu'après avoir acquis la preuve qu'il n'existe aucune opposition sur le créancier, en exigeant la production d'un certificat négatif délivré, dans les départements, par le trésorier-payeur général, et, à Paris, par le conservateur des oppositions au Trésor public.

Les conseils d'administration sont personnellement responsables des conséquences que pourrait entraîner, pour le Trésor public ou pour des tiers, l'inexécution de ces dispositions.

(1) Ces délais sont en principe limités à quarante-cinq jours.

Les créances non produites dans un délai de six mois après l'expiration du trimestre où la dépense a été faite sont frappées de déchéance. (Décret du 13 juin 1806.)

(2) Alinéa modifié par la notification du 23 mars 1909, B. O., p. 170.

Le remboursement du montant des relevés des dépenses est effectué par mandats du sous-intendant militaire.

Les ordonnateurs sont invités à faire toute diligence dans le travail de vérification des relevés et à adresser les demandes de délégation de crédits assez tôt pour que les avances faites soient remboursées en totalité avant la fin du deuxième mois qui suit l'année ou le trimestre dans lequel ces avances ont eu lieu (1).

§ X. *Liquidation des dépenses.* — La liquidation des dépenses rentre dans les attributions des fonctionnaires de l'intendance.

Si les rapports de liquidation font ressortir que les payements sont supérieurs aux droits constatés, la somme payée en trop doit être reversée au Trésor avant l'envoi au Ministre du rapport de liquidation; mention du versement est faite sur la pièce justificative correspondante.

Si les payements sont inférieurs aux droits constatés, la différence est immédiatement ordonnancée au profit du corps.

§ XI. *Timbres à apposer sur les pièces justificatives.* — a) TIMBRE DE DIMENSION. — Les factures, les mémoires, les marchés (en original) et les bons de convoi sont les seules pièces justificatives produites au payeur par les corps de troupe. à l'appui des mandats de payement pour remboursement d'avances, qui soient soumises à la formalité du timbre (timbre de dimension).

Les relevés, les certificats administratifs, les états d'émargement, les cahiers des charges ayant un caractère général, les copies de marchés et de cahiers des charges. et en général toutes les copies, sauf l'exception indiquée ci-après, sont exempts de la formalité du timbre (2).

Il en est de même des quittances dont le montant n'excède pas 10 francs, sauf lorsqu'il s'agit d'un acompte ou d'une quittance finale se rapportant à une dépense plus élevée. Pour profiter de cette disposition, il est nécessaire que la pièce soit établie sous forme de quittance et non de facture ou mémoire. Dans ce cas, le détail des travaux ou de la fourniture ne précède pas nécessairement l'acquit, il peut seulement le suivre à titre de renseignement.

Les copies produites en remplacement de pièces justificatives soumises au timbre y sont également assujetties.

Les pièces justificatives destinées à la liquidation sont dispensées de cette formalité.

---

(1) Alinéa nouveau. (Notification du 23 mars 1909. *B. O.*, p. 470.)
(2) Alinéa modifié par la circulaire du 10 octobre 1907, *B. O.*, p. 1547.

b) Timbre de quittance de 10 centimes (1). — Toutes les factures acquittées, mémoires, quittances, états d'émargement, etc., dont le montant est supérieur à 10 francs doivent être revêtus du timbre de quittance de 10 centimes, à moins que l'acquit ne soit représenté par des traites soumises au timbre proportionnel.

Le timbre de quittance n'est pas exigé sur l'expédition des pièces justificatives destinées à la liquidation.

c) Frais de timbre, par qui supportés. — Le timbre est à la charge du débiteur. Toutefois, pour toutes les dépenses et les recettes effectuées par l'Etat, le timbre est toujours à la charge des particuliers.

---

(1) Le droit de timbre est fixé à 0 fr. 25 quand les sommes n'excèdent pas 100 francs; à 0 fr. 50 quand les sommes sont comprises entre 100 et 1.000 francs; à 1 franc quand les sommes excèdent 1.000 francs (article 55 de la loi du 25 juin 1920 (modification du 5 août 1920, volume 24).

§ XII. *Nomenclature des pièces à produire à l'appui des relevés des sommes à ordonnancer au profit des corps* (1).

Nota. — Les pièces à mettre à l'appui des ordonnancements ou des rapports de liquidation sont établies par le trésorier ou l'officier d'habillement, selon que les dépenses se rapportent au service spécial de l'un ou de l'autre. Il est entendu que, pour tous les achats, fournitures, réparations, confections, etc..., ayant donné lieu à un marché, les relevés seront accompagnés d'une copie dudit marché.

La période à l'expiration de laquelle s'effectue le remboursement est indiquée par la lettre T (remboursement trimestriel); A (remboursement annuel, et M (remboursement mensuel).

SERVICES DONNANT LIEU à des avances.	NATURE DES DÉPENSES.	PIÈCES A PRODUIRE A L'APPUI DES RELEVÉS.
1	2	3
Fourrages.... (T)	Nourriture des chevaux de remonte en route et des petits détachements non commandés par un officier, par achats sur simple facture.	Facture d'achat, certifiée pour exécution du service, par la partie prenante. (*Erratum*, 2°, 1906, p. 1151.)
	Remboursement à la masse de couchage de la vieille paille de couchage délivrée pour la literie des chevaux aux corps de troupe qui font usage des tarifs de rations de fourrages des 12 oct. 1887 et 25 juill. 1912.	Facture.
Service de santé, infirmeries régimentaires, infirmeries-hôpitaux, dépôts de convalescents. (A)	Achats de médicaments, d'objets de pansement, de bandages.	Facture, mémoire ou quittance. Autorisation du directeur du service de santé.
	Achat de vin.	Mémoire ou quittance.
	Blanchissage.	Id.
	Avis télégraphique de décès.	Récépissé du télégramme.
	Alimentation.	Mémoire ou quittance.
	Chauffage et éclairage.	Id.
	Entretien et réparation du matériel de propreté.	Id.
	Sépulture des militaires décédés en activité de service, frais de culte.	Id.
	Frais de dépêches télégraphiques pour prévenir les familles des malades.	Récépissé du télégramme.
	Désinfection de literie.	Mémoire ou quittance.
	Frais divers pour transport de malades et aliénés	État nominatif des personnes chargées de la conduite, établi par le conseil d'administration et acquitté par les intéressés.
	Achat d'ouvrages ; reliures.	Facture ou mémoire, ou quittance.
	Dépenses pour radiographie.	Mémoire ou quittance.
	Allocations supplémentaires ou spéciales.	Mémoire ou quittance. Copie de la décision autorisant les allocations.
	Assainissement des chambres.	Mémoire ou quittance. Copie de la décision autorisant la dépense.

(1) Modifiée par les circulaires et notifications des 10 octobre 1907 (B. O., p. 1547), 23 mars et 19 juin 1909 (B. O., p. 470 et 1090), 6 mai 1910 et 9 février 1911 (vol. 9).

SERVICES DONNANT LIEU à des avances.	NATURE DES DÉPENSES.	PIÈCES A PRODUIRE A L'APPUI DES RELEVÉS.
1	2	3
Service de marche. (M)	Location de voitures, de chevaux, etc.	Bon de convoi revêtu de la mention de l'exécution du service et de l'acquit du convoyeur.
	Indemnité kilométrique de bagages.	État décompté émargé par les parties prenantes.
Transports spéciaux. (T)	Location de chevaux pour les grandes manœuvres.	État décompté émargé par les parties prenantes. Quand il s'agit de chevaux loués aux réservistes, état émargé appuyé de la copie des conventions individuelles.
	Indemnité pour perte ou dépréciation d'animaux loués.	Procès-verbal de la commission d'évaluation. Mémoire ou quittance indiquant les bases de la liquidation.
	Transport d'objets de campement, de munitions, etc., pour le camps d'instruction, ou voitures à colliers allouées aux troupes se déplaçant pour exécuter les tirs.	Bon de convoi revêtu de la mention de l'exécution du service et de l'acquit du convoyeur.
	Colis postaux.	Bordereau des lettres d'avis d'arrivée. Récépissés des colis expédiés.
Habillement et campement. (T)	Allocations aux corps de troupe pour premières mises et modifications d'effectifs.	État décompté n° 3 ou 3 *bis* de l'instruction du 14 juin 1903.
	Secours à la masse d'habillement pour services extraordinaires	Décision ministérielle allouant le secours.
	Habillement des officiers de réserve et de l'armée territoriale n'ayant pas reçu de première mise d'équipement ou ne provenant pas de l'armée active.	Facture décomptée revêtue de la prise en charge de l'intéressé.
	Habillement des adjudants de réserve et de l'armée territoriale ne provenant pas des adjudants de l'armée active et n'ayant pas reçu de première mise d'équipement.	Certificat administratif décompté faisant ressortir la moins-value des effets distribués.
	Reprise des effets d'habillement aux gendarmes rayés des contrôles de l'armée active pour passer dans la réserve de l'armée active, dans l'armée territoriale ou la réserve de l'armée territoriale.	État décompté faisant ressortir la valeur attribuée aux effets d'après la durée des services restant à accomplir jusqu'à la libération définitive du service militaire de l'intéressé.

SERVICES DONNANT LIEU à des avances.	NATURE DES DÉPENSES.	PIÈCES A PRODUIRE A L'APPUI DES RELEVÉS.
1	2	3
Habillement et campement. (T) (Suite.)	Télégraphie militaire et section de chemin de fer de campagne.	Facture, mémoire ou quittance. État décompté pour l'équipement prêté par les corps.
	Réparations aux ustensiles de campement.	Mémoire ou quittance appuyés d'une copie du procès-verbal.
	Frais d'exploitation des approvisionnements spéciaux. { Frais de gestion et de bureau.	État décompté et émargé de l'intéressé.
	Achat d'objets et d'ingrédients nécessaires pour la conservation des effets.	Mémoire ou quittance. Facture revêtue de la déclaration de versement au Trésor, quand la livraison a été faite par les magasins de l'État.
	Réparations, retouches, dépréciation du matériel de réserve ; pertes et dégradations par cas de force majeure ; mise à l'uniforme des effets provenant des sections, etc.	Certificat administratif, mémoire, quittance ou procès-verbal, suivant le cas.
	Différence de prix entre les effets de modèles différents à rembourser au corps.	Certificat administratif signé de l'officier d'habillement et du major et visé par le sous-intendant militaire.
	Achats, confections, livraisons aux magasins administratifs ou à la réserve de guerre.	Facture décomptée revêtue de la prise en charge.
	Cessions d'effets aux gardiens de batterie auxiliaires.	Facture décomptée revêtue de la prise en charge.
	Supplément journalier aux hommes employés aux commissions d'expérience.	État décompté émargé.
	Valeur des effets cédés aux troupes relevant des ministères de la marine et des colonies.	Facture décomptée revêtue de la prise en charge.
Remonte générale. (T)	Achat ou rachat de chevaux.	Procès-verbal de réception des chevaux. Quittance du vendeur.
Harnachement. (T)	Achats, confections. Réparations, transformations, etc.	Facture à talon appuyée d'une copie du marché, quand il y a lieu. Mémoire ou quittance.
Artillerie et équipages militaires. (A)	Arme perdue par la faute de l'homme et retrouvée.	Copie ou extrait de la décision ministérielle qui autorise le corps à porter le prix de l'arme dans le relevé annuel avec la déclaration de versement au Trésor de la valeur de l'arme. Certificat administratif de prise en charge.

SERVICES DONNANT LIEU à des avances.	NATURE DES DÉPENSES.	PIÈCES A PRODUIRE A L'APPUI DES RELEVÉS.
1	2	3
Artillerie et équipages militaires. (A) (Suite.)	Frais de transport d'outils et de pièces d'armes.	Mémoire ou quittance de l'armurier.
	Réparations par cas de force majeure.	Procès-verbal rapporté par le sous-intendant militaire et mémoire ou quittance de l'armurier.
	Réparations par suite d'usure (régime de clerc à maître).	Mémoires trimestriels.
	Modification du prix des pièces d'armes possédées par les corps.	Procès-verbal décompté établi par le sous-intendant militaire.
	Pièces neuves versées à l'artillerie.	Récépissé du service de l'artillerie présentant le montant de la valeur des pièces d'armes versées et copie de l'autorisation ministérielle.
	Gratification.	Copie ou extrait de la décision ministérielle et état émargé de la partie prenante.
	Réparations à la suite des périodes d'instruction des réservistes.	Mémoire ou quittance appuyés d'un état numérique des armes distribuées.
	Réparations à la suite des périodes d'instruction des territoriaux.	Mémoire ou quittance appuyés d'un état numérique des armes distribuées.
	Numérotage et marquage des armes.	Mémoire ou quittance de l'armurier.
	Dépenses imprévues.	Décision ministérielle qui a autorisé la dépense et mémoire ou quittance du créancier.
	Achat de ficelle pour le nettoyage des canons.	Mémoire ou quittance du créancier.
	Caisse à compartiments pour la conservation des pièces d'armes.	Mémoire ou quittance de l'armurier.
	Chauffage des magasins d'armement.	Mémoire ou quittance appuyés d'un procès-verbal rapporté par le sous-intendant militaire.
Génie....... (A)	Entretien et réparation des outils.	Mémoire ou quittance.
	Confection de cibles en bois.	Facture à talon, mémoire ou quittance. Certificat administratif de prise en charge.
Écoles....... (T)	Remplacement du matériel fixe de gymnastique.	Mémoire des travaux, vérifié et arrêté par le chef du génie, visé par l'officier chargé des écoles et appuyé de la copie de l'autorisation ministérielle.
	École de natation et bains froids.	Facture à talon, mémoire ou quittance visés par l'officier chargé de l'école de natation et, s'il y a lieu, vérifiés et arrêtés par le chef du génie.

SERVICES DONNANT LIEU à des avances. 1	NATURE DES DÉPENSES. 2	PIÈCES À PRODUIRE A L'APPUI DES RELEVÉS. 3
Ecoles. (*Suite.*) (T)	Exercices de pontage dans la cavalerie.	Facture à talon, mémoire ou quittance visés par le capitaine instructeur.
Couchage et ameublement. (T)	Avances diverses.	Mêmes pièces justificatives que pour le service de l'habillement et du campement.
Réparations civiles.	Avances faites par les corps de troupe pour le payement des indemnités pour dégâts causés pendant les manœuvres et exercices. — 1° Indemnités payées séance tenante par l'officier expert (T).	Etats de payement émargés pour quittance.
	2° Indemnités payées après décision du commandement (T.)	1° Etats de payement émargés pour quittance ; 2° Décision du général commandant le corps d'armée ; 3° Renonciation de l'ayant droit à toute action ultérieure.
	3° Sommes avancées aux commissions d'évaluation des indemnités pour dégâts des manœuvres ou des indemnités revenant aux riverains des champs de tir.	Pièces identiques à celles exigées des comptables des commissions d'évaluation procédant aux payements à l'aide de fonds avancés par le Trésor par application de l'article 169 du décret du 3 avril 1869 (vol. 24 *ter*, p. 177).
	4° Payements directs ordonnés d'urgence par le Ministre ou le Sous-Secrétaire d'Etat.	Justifications appropriées à l'objet du payement et indiquées dans la dépêche ministérielle prescrivant la mesure d'ordre exceptionnel.
	Avances faites pour le payement des frais de poursuite et d'instance devant les tribunaux de paix. (T)	Pièces variables suivant l'objet de l'avance (déclaration du sous-intendant militaire en ce qui concerne les frais de premier avertissement et de délivrance du permis de citer, reçu de l'huissier chargé de l'assignation, etc.).
Télégraphie militaire. (A)	Entretien du matériel de télégraphie légère.	Etat émargé pour les abonnements. Mémoire ou quittance appuyés d'une copie du procès-verbal pour les réparations

Sommes en excédent des besoins. — Versements au Trésor.
Retrait des sommes déposées.

Art. 87. Lorsque les mouvements de fonds (versements au Trésor, ou retraits des fonds déposés) nécessitent des déplacements donnant droit à l'indemnité de route, ils ne sont effectués que dans les limites prévues au règlement sur le service des frais de route (1).

Dispositions communes aux divers envois de fonds.

Art. 95. Les envois de fonds sont inscrits immédiatement en dépenses et justifiés par la déclaration d'émission de mandat portant l'empreinte du timbre sec de la Trésorerie.

Toutefois, la justification doit être ultérieurement complétée par l'accusé de réception du destinataire.

Les corps stationnés dans des arondissements de sous-préfectures et qui ont recours à l'intervention des receveurs particuliers pour obtenir des mandats sur le Trésor doivent, en attendant que les déclarations d'émission de mandats soient établies par les trésoriers-payeurs généraux, mettre, à l'appui de leurs inscriptions au journal, les certificats de versement qui leur sont délivrés par les receveurs des finances.

Les émissions ou perceptions de mandats nécessitant des déplacements donnant lieu à une indemnité de route sont soumises aux réserves formulées à l'article 87 ci-dessus (1).

Retenues exercées sur la solde pour recouvrement des imputations.

Art. 96. Les fonds divers font recette du produit des retenues exercées pour recouvrement d'imputations au fur et à mesure qu'elles s'effectuent. Après payement intégral, le montant en est versé, par virement à la centralisation, aux fonds qui ont supporté provisoirement la dépense.

Il en est de même des versements opérés volontairement, pour de pareilles causes, par les officiers débiteurs ou en leur nom.

---

(1) Dans les places où il n'existe pas de recette des finances, les mouvements de fonds avec le Trésor (perception de la solde, payement des mandats, versements de fonds) ont donné lieu à l'adoption d'un certain nombre de mesures, énumérées dans l'instruction pour l'application du règlement du 3 avril 1869 sur la comptabilité des dépenses du Département de la guerre (art. 158, § 13), et qui sont de nature à atténuer autant que possible les dépenses que ces mouvements occasionnent.

Le montant d'une imputation ne donnant lieu qu'à une retenue ou à un versement unique est porté directement en recette aux fonds intéressés.

Rations perçues en trop ou en moins.

Art. 105. Si des unités administratives ont, pour l'année, des moins-perçus portant sur les denrées susceptibles d'être substituées les unes aux autres, le nombre des rations perçues en moins vient en diminution de celui des rations perçues en trop par d'autres unités du même corps.

Cette diminution est répartie proportionnellement entre les unités administratives qui ont des trop-perçus.

Si la balance générale fait ressortir, pour un corps sur le pied de paix, un moins-perçu en vivres-pain, la moitié de la valeur de ce moins-perçu est acquise aux ordinaires.

A moins d'une décision spéciale du Ministre, il n'est établi aucune compensation entre les trop ou les moins-perçus de deux portions d'un même corps dont l'une est sur le pied de paix et l'autre sur le pied de guerre.

Du traitement acquis aux officiers et aux sous-officiers rengagés
ou commissionnés qui sont décédés.

Art. 107. Le décompte qui sert de base au versement à la Caisse des dépôts et consignations et à l'appui duquel doit rester le récépissé délivré au trésorier, fait connaître, le cas échéant, la cause de la différence entre le traitement intégral porté en dépense au registre-journal et la somme mentionnée dans le récépissé.

Un duplicata de cette pièce joint à l'autorisation du conseil, sert de pièce justificative à cette dépense.

Si la dette de l'officier ou du sous-officier décédé excède le montant de sa créance, le conseil constate cette circonstance dans un décompte explicatif. Ce décompte est adressé immédiatement au sous-intendant militaire; celui-ci le transmet, avec ses observations, au directeur de l'intendance, qui le fait parvenir au Ministre, en donnant son avis sur la légalité des imputations mises à la charge de la succession. Au bas de ce décompte doivent être indiqués le dernier domicile du défunt et, autant que possible, celui de ses héritiers.

La somme dont le corps est à découvert est portée en dépense au registre des fonds divers jusqu'à ce que le Ministre ait statué.

Matériel classé hors de service. — Marques.

Art. 136. Les effets et objets classés hors de service sont, à leur entrée au magasin du corps, marqués des lettres H S, s'ils peuvent en recevoir l'empreinte.

Les chevaux et mulets réformés ne reçoivent aucune marque, sauf les juments atteintes d'une maladie ou d'une tare transmissible qui sont marquées au feu de la lettre R, sur le côté gauche de l'encolure.

Réception des matières, effets et objets.

Art. 139. § 1. *Réception des matières, effets ou objets provenant des établissements de l'Etat ou d'autres corps.* — Les règles relatives à la réception des matières, effets et objets provenant des établissements de l'Etat ou d'autres corps de troupe et aux contestations qui peuvent se produire à l'occasion de ces réceptions, sont posées par le règlement sur la comptabilité-matières (vol. 27) et le règlement sur les transports ordinaires de la guerre (vol. 100⁴). Les règlements spéciaux aux divers services en précisent les détails d'application.

§ II. *Réception des matières, effets et objets achetés dans le commerce et comportant une prise en charge dans les comptes-matières.* — Composition et attributions des commissions de réception. — Les matières, effets et objets achetés dans le commerce et comportant une prise en charge dans les comptes-matières, au titre de l'Etat ou des masses, sont reçus par une commission composée ainsi qu'il suit :

1° Commission fonctionnant à la portion centrale :

Un chef de bataillon (ou d'escadron), président............)
Deux capitaines commandants d'unité administrative....................) désignés par le chef de corps.

Le capitaine commandant d'unité administrative....................)
L'officier d'habillement....................) Membres du conseil d'administration.

Lorsque le conseil d'administration d'un régiment, d'un bataillon ou d'un escadron formant corps est reduit à trois membres, la commission de réception est composée de ces trois membres.

Le trésorier est remplacé par un officier d'unité, chaque fois qu'il y en a un de présent dans la place.

L'officier d'habillement remplit les fonctions de secrétaire de la commission; il est chargé, à ce titre, de la tenue et de la conservation du registre des procès-verbaux.

2° Commission fonctionnant dans un détachement de trois unités et au-dessus (1).

L'officier le plus ancien dans le grade le plus élevé après le commandant du détachement.............. *Président.*

Un capitaine commandant d'unité administrative désigné par le commandant du détachement. . . . .

L'officier délégué à l'habillement ou l'officier chargé des détails, ou à défaut un officier désigné par le commandant du détachement. . . . . *Membres.*

Dans les *unités formant corps et dans les détachements comprenant moins de trois unités administratives,* la réception des matières, effets et objets achetés dans le commerce est assurée par l'officier commandant.

Lorsqu'il s'agit de matériel autre que les effets d'habillement et de harnachement proprement dits, les agents du conseil intéressés (médecin et vétérinaire chefs de service, officier chargé des écoles ou du tir, officier de casernement, chef de musique) sont entendus, à titre consultatif. Ces agents peuvent mentionner leurs observations au registre de réception. Ils signent le procès-verbal de la séance à laquelle ils ont assisté.

La commission (ou le chef de l'unité formant corps ou le commandant du détachement) peut s'adjoindre, en cas de livraisons importantes, des personnes idoines dont elle fixe les indemnités pour frais de vacation. Ces indemnités sont imputables à la masse intéressée (vol. 4).

Les commissions de réception des corps de troupe statuent dans les mêmes conditions que les commissions des magasins

---

(1) La composition de la commission à la portion principale du corps, lorsque le conseil est au dépôt, est celle indiquée dans ce paragraphe.

administratifs et doivent, comme elles, marquer les effets et objets qui leur sont présentés.

Ces conditions sont indiquées dans le cahier des clauses et conditions générales imposées aux titulaires des marchés du Département de la guerre (vol. 25), dans les descriptions officielles des uniformes et du matériel, dans les notices faisant suite aux règlements des divers services et dans les cahiers des charges régissant les fournitures (1).

Ces cahiers des charges indiquent également les timbres et poinçons nécessaires et la façon dont ils doivent être apposés.

Les timbres et poinçons de la commission sont déposés dans un meuble fermant à clef, cette clef devant toujours être conservée par le président.

Le matériel confectionné dans les ateliers régimentaires est reçu dans les mêmes conditions, mais les décisions de la commission de réception ne peuvent faire l'objet d'aucun recours de la part des maîtres ouvriers.

Les matières et objets de consommation dont il est fait approvisionnement sont reçus par l'officier d'habillement.

Marquage du matériel.

Art. 140. Les effets et objets reçoivent, par les soins de l'officier d'habillement, les marques prescrites par les instructions spéciales à chaque service.

Les marques particulières aux unités administratives et les numéros matricules sont apposés, par les soins des commandants d'unités, qui doivent également faire réapposer celles qui cessent d'être suffisamment apparentes.

Les animaux sont marqués, dès leur incorporation, par les maréchaux ferrants, sous la direction du vétérinaire, chef de service.

Le matériel de harnachement, les voitures, les instruments de musique, les outils portatifs et autres objets à marquer d'un

---

(1) Exemples : Cahier des charges générales pour la fourniture par l'industrie civile du matériel nécessaire au service du harnachement de la cavalerie.

Cahier des charges pour les entreprises de confection et de fourniture d'effets du service de l'habillement.

Cahier des charges spéciales pour la fourniture des principaux effets de la 2e portion.

numéro de série ne peuvent en recevoir l'empreinte que sur les indications du conseil d'administration.

Destination à donner au matériel hors de service.

Art. 145. Les conseils d'administration et les commandants des portions du corps autres que la portion centrale établissent, dans le courant du dernier mois de chaque trimestre, un état des effets du matériel classés hors du service et dont le corps n'a pas l'emploi.

Ils l'adressent, en deux expéditions, au sous-intendant militaire qui, après décision de l'intendant, leur renvoie l'une des expéditions. Ils font immédiatement les remises et envois de matériel qui en résultent.

Ils attendent l'avis du sous-intendant militaire pour les versements à l'administration des domaines.

Mode d'imputation pour pertes ou mises hors de service et dégradations, par la faute des hommes, des effets ou objets dont le corps a la gestion.

Art. 149. Le commandant de l'unité administrative établit un bulletin nominatif d'imputation. Ce bulletin, certifié par lui et par l'officier d'habillement et approuvé par le major, est décompté conformément aux prescriptions de l'article suivant.

Au commencement de chaque trimestre, l'officier d'habillement, au moyen des bulletins d'imputation dont il reste dépositaire, établit par article du budget :

1° Un état à talon, en simple expédition, des imputations applicables au trimestre précédent;

2° Un état récapitulatif, aussi en simple expédition, des bulletins d'imputation.

Ces états, arrêtés par le conseil d'administration, sont remis au trésorier qui, dans les vingt premiers jours du trimestre, en verse le montant au Trésor, d'après un ordre de reversement établi par le sous-intendant militaire.

Le premier état, séparé du talon, reste entre les mains de l'agent du Trésor. Sur le vu de la déclaration de versement, le sous-intendant militaire inscrit le montant du versement sur le talon de cet état, ainsi que sur l'état récapitulatif. Ces documents font retour : le premier, à l'officier d'habillement, comme pièce justificative de la sortie des matières et effets; le second, au tré

sorier, avec les bulletins d'imputation, pour justifier la dépens
en deniers.

Le récépissé délivré au trésorier par l'agent du Trésor es
adressé au sous-intendant militaire pour être transmis à l'inten
dant, qui le fait parvenir au Ministre de la guerre. Une copie d
l'ordre de reversement est jointe au récépissé.

Mode d'imputation à certaines catégories de militaires.

Art. 150. Les bulletins d'imputations à faire à des officiers ou
à d'autres détenteurs de matériel n'ayant pas droit aux alloca
tions de la masse d'habillement sont établis conformément au
prescriptions de l'article précédent.

Décompte des sommes à imputer pour détérioration, mise hors de servic
ou perte de matériel.

Art. 151. Les sommes à imputer représentent, savoir :

a) Matériel détérioré, mais réparable.

La valeur des fournitures et de la main-d'œuvre nécessaires
pour mettre le matériel en état de faire le même service qu'avan
la dégradation.

Toutefois, si le prix de réparation d'un objet excède la somm
qu'il y aurait à imputer pour la mise hors de service, l'objet n'es
pas réparé, mais classé hors de service et l'imputation est dé
comptée comme il est dit ci-après :

b) Matériel mis hors de service.

Matériel appartenant à l'Etat.	Le prix de l'effet au classement « bon pour le service » diminué de la valeur de l'effet au classement « hors de service ».
Matériel appartenant au corps.	Pour les effets du service de l'habillement et du harnachement, le prix de l'effet fixé par la nomenclature d'après son classement diminué de la valeur de l'effet au classement « hors de service ». Pour les autres effets ou objets, le prix de l'effet au classement « bon pour le service » diminué de la valeur de l'effet au classement « hors de service ».

c) *Matériel perdu.*

Matériel appartenant à l'Etat.	Le prix de l'objet d'après son classement « bon pour le service » ou « hors de service ».
Matériel appartenant au corps.	Pour les effets du service de l'habillement et du harnachement, le prix de l'effet fixé par la nomenclature d'après son classement. Pour les autres effets ou objets, le prix de l'effet d'après son classement « bon pour le service » ou « hors de service ».

Prescriptions particulières aux corps de troupe en ce qui concerne la comptabilité du matériel.

Art. 154. § I. *Section I. Matériel du service de santé* (nom. **G**). — Le matériel de la réserve de guerre du service de santé, même lorsqu'il est déposé à l'infirmerie régimentaire, doit être considéré comme étant en magasin et figurer, à ce titre, sur le registre des entrées et des sorties du matériel appartenant à l'Etat, en même temps que sur le carnet-inventaire spécial, tenu par le chef de service.

Le matériel du service courant peut être également porté sur ce carnet-inventaire spécial, mais il est considéré comme matériel en service et doit, par suite, figurer sous cette rubrique, dans la comptabilité tenue par le capitaine d'habillement.

Le matériel du service de santé est géré conformément aux prescriptions d'un règlement spécial (vol. 80).

§ II. *Section II. Matériel de l'habillement et du campement* (nom. **HI**). Le fonctionnement du service de l'habillement dans les corps de troupe est déterminé par un règlement spécial (vol. 3).

Les frais de conservation et d'entretien du matériel de campement livré gratuitement aux corps de troupe sont supportés par le fonds commun de la masse d'habillement.

Toutefois les réparations et les lavages du matériel sont effectués au compte de l'Etat.

§ III. *Section III. Matériel de la remonte générale* (nom. **L**). — a) *Composition et administration de ce matériel.* — Le matériel de la remonte générale comprend :

1° Les chevaux et mulets appartenant à l'Etat;

2° Les matières, effets et objets autres que les médicaments et objets de pansement, dont la destination embrasse le service, l'entretien, l'hygiène et le traitement des chevaux et mulets.

b) *Réception des chevaux et mulets.* — Les animaux livrés par les dépôts de remonte ou par d'autres corps sont immatriculés à leur arrivée. Les chevaux des officiers sans troupe sont immatriculés sur des registres distincts et la série des numéros qui leur sont affectés est suivie de la lettre A (1).

Les chevaux et mulets provenant d'achat direct ou de rétrocession sont reçus conformément aux dispositions prévues au règlement sur la remonte (vol. 69).

Le conseil d'administration prend charge des animaux dans l'un et l'autre cas.

c) *Ecritures à tenir par l'officier d'habillement.* — L'officier d'habillement n'inscrit au registre des entrées et sorties du matériel que les mouvements modifiant l'effectif ou le classement des chevaux et mulets appartenant à l'Etat. Les poulains nés au corps sont considérés comme des excédents et pris en charge.

d) *Observation.* — Toutes les pièces d'entrée et de sortie (factures, certificats administratifs, procès-verbaux, etc...) doivent indiquer le numéro matricule des animaux (2).

§ IV. *Section IV. Matériel de harnachement de la cavalerie* (*nom.* **M**). — Quel que soit le corps de troupe auquel il est affecté, le matériel de harnachement de la cavalerie (nomenclature M) est inscrit à la section IV du registre des entrées et sorties du matériel appartenant à l'Etat.

Le matériel du harnachement de la cavalerie est administré d'après les dispositions d'un règlement spécial (vol. 6).

§ V. *Section V. Matériel de l'artillerie et des équipages militaires* (*nom.* **N**). — a) *Division en deux catégories.* — Le matériel de l'artillerie et des équipages militaires se divise en deux catégories :

Première *catégorie : Matériel administré par le corps;*
Deuxième *catégorie : Matériel prêté ou en dépôt;*
} *Mis gratuitement à la disposition du corps.*

---

(1) Alinéa complété. (Instruction du 20 juillet 1922, B. O., p. 2352.)
(2) Alinéa nouveau. (Circulaire du 22 mai 1911, B. O., p. 627.)

La première catégorie comprend le matériel régulièrement pris en charge par le corps et ne figurant que dans ses comptes.

La deuxième catégorie comprend le matériel ne figurant que dans les comptes des établissements de l'artillerie.

b) Composition du matériel dans les corps de l'artillerie et du train des équipages militaires. — Le matériel que détiennent les corps de troupe de l'artillerie et du train des équipages militaires comprend, savoir :

Dans la *première catégorie :* l'armement et les munitions pour armes portatives affectées au corps, le harnachement, le matériel des écoles régimentaires, le matériel de tir à la cible et de tir réduit.

Dans la *deuxième catégorie* : le matériel proprement dit de l'artillerie et des équipages militaires, tel que bouches à feu, munitions pour armes portatives constituant le chargement des voitures, etc.

c) Composition du matériel dans les corps autres que ceux de l'artillerie et du train des équipages militaires. — Tout le matériel que détiennent les corps autres que ceux de l'artillerie et du train des équipages militaires fait partie de la première catégorie.

Il comprend l'armement et les munitions pour armes portatives, les équipages régimentaires et d'état-major, les caissons à munitions, les forges, le harnachement et les outils et accessoires affectés à ces divers équipages, à l'exception du matériel roulant du service du génie et du harnachement de ce matériel à l'usage des troupes du génie.

d) Dispositions particulières au matériel de harnachement. — Dans les corps de troupe de l'artillerie et du train des équipages, l'ensemble des approvisionnements du service de harnachement constitue la réserve de guerre. Il n'existe pas de service courant en dehors de quelques harnais affectés aux services de corvée et de garnison (volume 6).

e) Mode d'administration. — Le matériel de la première catégorie est administré d'après les dispositions du présent règlement et les règles spéciales fixées par le Ministre.

Le matériel de la deuxième catégorie étant administré par les établissements de l'artillerie, les corps ne tiennent, pour ce matériel, qu'une comptabilité auxiliaire (vol. 18).

§ VI. *Section VI. Matériel du génie (nom.* **P**). — a) *Division en deux catégories.* — Le matériel du génie se divise en deux catégories, d'après les mêmes règles que le matériel de l'artillerie et des équipages militaires.

Première catégorie : Matériel roulant du service du génie et harnachement correspondant à ce matériel à l'usage des troupes du génie;

Objets d'ameublement mobile pris en charge par les corps et gérés par eux pour le compte du service du génie;

Outils portatifs;

Outils portés par des animaux de bât et outils de pionniers portés sur des voitures (infanterie, cavalerie et génie).

Deuxième catégorie : a) Objets mobiliers ou autres du service du casernement continuant à figurer à l'inventaire estimatif annuel du génie.

b) *Dispositions particulières au matériel de harnachement.* — Dans les corps de troupe du génie, ce matériel est régi par les mêmes dispositions que dans les troupes d'artillerie et du train des équipages (article précédent, § d) (vol. 6).

c) *Mode d'administration.* — Ce matériel est géré d'après des règles spéciales (vol. 51).

§ VII. *Section VII. Matériel des écoles régimentaires (nom.* **Q**). — Le matériel des écoles régimentaires comprend :

1° Les cibles achetées ou confectionnées au compte du budget des écoles;

2° Le matériel de natation et des bains froids, à l'exception des caleçons de bain dont l'acquisition incombe à la masse d'habillement, des ceintures de fil avec cordes de suspension payées sur la masse des écoles;

3° Le matériel pour les exercices de pontage dans la cavalerie.

§ VIII. *Section VIII. Ameublements des sous-officiers rengagés (nom.* **S**[III]). — Ces ameublements sont attribués, à titre gratuit, à tous les sous-officiers rengagés ou commissionnés logés dans les bâtiments militaires, autres que les adjudants et assimilés.

L'entretien et le renouvellement de ce matériel sont assurés par les corps.

Si le remplacement est nécessité par l'user normal ou pour cas de force majeure, la dépense est remboursée au corps. S'il est dû à la négligence de l'occupant, la dépense est supportée par la masse d'habillement (fonds particuliers).

§ IX. *Section IX. Lits militaires (nom. T).* — Ce matériel comprend les couchettes et châlits avec ou sans sommiers et planches.

Il est géré conformément aux prescriptions du règlement sur le service des lits militaires (vol. 9).

§ X. *Matériel au compte des masses.* — Le matériel au compte des masses est celui acheté sur les fonds de ces masses; son énumération est donnée par les règlements particuliers (habillement, harnachement, écoles, casernement, chauffage, etc.).

§ XI. *Dispositions spéciales aux objets et matières de consommation.* — Il est tenu un carnet spécial pour les objets et matières de consommation (matières et ingrédients divers; pièces de coiffure, d'armes, d'arçons, de bicyclettes, etc.) achetés sur les fonds généraux du corps et formant approvisionnement au magasin commun (ou magasin de détachement).

Les distributions ont lieu sur bons décomptés, à charge de remboursement par les unités administratives et autres parties prenantes.

La valeur des entrées et des sorties aux différents paragraphes de ce carnet doivent être en concordance avec le montant des dépenses et des recettes inscrites aux paragraphes correspondants du registre des fonds divers.

§ XII. *Matériel de l'entreprise des lits militaires. Règles d'exécution et d'administration.* — Les règles d'exécution et d'administration du service des lits militaires sont données par un règlement spécial (vol. 9).

Mouvements entre la portion centrale et les autres portions du corps ou les annexes.

Art. 156. § I. *Ecritures.* — Ces mouvements donnent lieu, dans toutes les portions du corps intéressés, à inscription aux *registres des entrées et sorties* (Etat ou corps suivant le cas), et, en outre, à la portion centrale, au *registre des comptes courants du matériel avec les détachements et les annexes.*

§ II. *Pièces à l'appui.* — Ces inscriptions sont appuyées de bulletins d'envoi et de bulletins de renvoi.

Mouvements à la charge du conseil d'administration ou à sa décharge.
Prise en charge.

Art. 157. § I. *Écritures.* — Ces mouvements donnent lieu à inscription aux comptes de gestion et aux registres des entrées et sorties (État ou corps suivant le cas) de la portion centrale.

§ II. *Pièces à l'appui.* — Ces écritures sont appuyées par des factures, des certificats administratifs, des extraits de procès-verbaux, des talons des états d'imputation et, dans certains cas exceptionnels, par des récépissés comptables.

Distributions et réintégrations.

Art. 158. § I. *Écritures.* — Les distributions et les réintégrations sont inscrites au registre-journal des distributions et réintégrations du magasin qui a fait les opérations, à la section de leur classement.

Les distributions à titre remboursable font sortie définitive des comptes du magasin distributeur.

Les distributions à titre gratuit sont immédiatement reportées *au registre-inventaire du matériel en service* tenu par l'officier d'habillement et aux carnets-inventaires du matériel en service tenus par les chefs de service qui ont reçu le matériel.

§ II. *Pièces à l'appui.* — Les distributions à titre remboursable sont appuyées de bons mensuels pour l'habillement, de bons trimestriels pour le harnachement et de bons décomptés pour les parties prenantes individuelles. Les distributions à titre gratuit sont appuyées de bons non décomptés. Enfin, les réintégrations sont faites sur bulletins de réintégration.

Corps de réserve et corps de l'armée territoriale.
Mode d'administration.

Art. 166. § I. *Dispositions générales.* — Tous les documents relatifs à l'immatriculation des hommes et des officiers, ainsi que ceux afférents à l'administration et aux appels du temps de paix, sont établis et tenus par les soins du corps actif de rattachement.

§ II. *Formation et dissolution des unités de la réserve et de l'armée territoriale.* — Les unités des corps de réserve et de l'armée territoriale, convoquées en temps de paix, sont formées immédiatement après l'arrivée de leurs éléments et dissoutes en fin de période.

Il n'est pas dressé procès-verbal de ces opérations.

§ III. *Personnel supplémentaire adjoint aux officiers comptables des corps actifs.* — En raison du surcroît de travail qu'entraîne pour les officiers comptables du corps actif l'administration et la comptabilité des unités rattachées, un personnel territorial, dont la composition est déterminée par des instructions ministérielles (vol. 63), est adjoint aux officiers comptables du corps actif, pendant la durée des convocations du temps de paix.

§ IV. *Fonds.* — Le service des fonds nécessaires aux besoins du corps de réserve et du corps territorial est assuré par les soins du corps actif.

Toutefois, si en cas de séparation momentanée, il lui était impossible de faire parvenir les fonds aux fractions de réserve ou territoriales, les perceptions seraient faites directement au Trésor par les officiers commandant ces fractions; mais la perception est subordonnée à l'autorisation du conseil d'administration du corps actif.

§ V. *Payement de la solde; justification des perceptions; trop et moins-perçus.* — Le payement de la solde, la justification des perceptions et la régularisation des trop ou moins-perçus sont effectués dans les conditions spécifiées pour les unités de l'armée active au titre VII du règlement. Toutefois, il n'est établi qu'une feuille d'émargement des officiers pour toute la période de convocation, alors même que celle-ci chevaucherait sur deux trimestres; en outre, les états comparatifs et les bordereaux récapitulatifs des perceptions en deniers de la troupe sont distincts, d'une part, pour les corps de réserve, d'autre part, pour les corps de l'armée territoriale.

La moitié de la valeur des moins-perçus en pain est versée aux fonds de réserve.

Registres et documents tenus dans les corps.

Art. 178. § I. *Liste des registres, carnets et contrôles à tenir dans les corps.* — Les registres, carnets et contrôles à tenir dans chaque corps et, en cas de division du corps dans chaque portion, par application du présent règlement, sont indiqués dans le tableau suivant :

| TITRE DES MODÈLES | chaque corps organisé sous le titre de | | chaque portion du corps autre que la portion centrale et s'administrant séparément | | | | |
| | | | avec magasin | | sans magasin | | |
	régiment, bataillon ou escadron.	compagnie ou section.	plusieurs unités.	une seule unité (A).	plusieurs unités.	une seule unité (A).	commandé par un sous-officier.
(a) ADMINISTRATION GÉNÉRALE.							
Registre matricule des chevaux et mulets appartenant à l'État	1 (1)	1 (1)	»	»	»	»	»
des chevaux appartenant aux officiers	1 (1)	1 (1)	»	»	»	»	»
Registre des délibérations du conseil d'administration	1	1	»	»	»	»	»
Registre des marchés passés par le conseil d'administration ou par le chef de corps	1	1	»	»	»	»	»
Registre-journal des recettes et des dépenses	1	1	1	1	1	1	1
Registre des fonds divers	1	1	»	»	»	»	»
Registre de centralisation	1	1	»	»	»	»	»
Registre de distribution de vivres et de fourrages	1	»	1	»	1	»	»
Registre des entrées et sorties du matériel appartenant à l'État	1	1	1	(2)	»	»	»
Registre des entrées et sorties du matériel appartenant au corps	1	1	1	(2)	»	»	»
Registre des comptes courants avec les détachements et annexes	1	1	»	»	»	»	»
Registre de réception du matériel	1	1	(2)	(2)	»	»	»
Registre-journal des distributions et des réintégrations	1	(2)	1	»	»	»	»
Registre-inventaire du matériel en service	1	(2)	1	»	(2)	»	»
Carnet-inventaire du matériel en service	(3)	»	(3)	»	(3)	»	»
Catalogue méthodique des ouvrages de bibliothèque et morceaux de musique	1	1	»	»	»	»	»
Registre des comptes ouverts avec les chefs ouvriers	1	1	(2)	(2)	»	»	»

(A) Ou fraction d'unité commandée par un officier.

(1) Dans les corps ou unités où sont immatriculés des chevaux d'officiers sans troupe, il est tenu un registre matricule distinct pour l'inscription de ces chevaux (instruction du 10 juillet 1922).

(2) S'il y a lieu.

(3) Ce carnet est tenu par chaque chef de service ayant du matériel en charge.

TITRE DES MODÈLES.	INDICATION, PAR LE CHIFFRE 1, DES REGISTRES, CARNETS ET CONTRÔLES à tenir pour						
	chaque corps organisé sous le titre de		chaque portion du corps autre que la portion centrale et s'administrant séparément				
			avec magasin.		sans magasin.		
	régiment, bataillon ou escadron.	compagnie ou section.	plusieurs unités.	une seule unité (A).	plusieurs unités.	une seule unité (A).	commandé par un sous-officier
Carnet des objets et matières de consommation...	1	1	(1)	(1)	»	»	»
Contrôle général des armes...	1	1	»	»	»	»	»
Contrôle général des outils portatifs...	1	»	»	»	»	»	»
Contrôle général des effets de harnachement de l'artillerie et du génie (2)...	1	»	»	»	»	»	»
Contrôle général des équipages régimentaires et d'état-major...	1	»	»	»	»	»	»
Contrôle général des instruments de musique	1	1	»	»	»	»	»
Carnet des échantillons et modèles-types..	1	1	»	»	»	»	»
Registre des certificats d'origine de blessures ou de maladies...	1	1	1	1	1	1	1
Registre de correspondance...	1	1	1	1	1	1	»
Catalogue des archives...	1	1	»	»	»	»	»
b) ADMINISTRATION PARTICULIÈRE DE CHAQUE UNITÉ ADMINISTRATIVE.							
Livret individuel et fascicule pour les effets	1	1	1	1	1	1	1
Livret matricule de cheval...	1	1	1	1	1	1	»
Livret d'infirmerie...	1	1	1	1	1	1	1
Registre de comptabilité...	1	1	1	1	1	1	»
Registre des entrées et sorties du matériel appartenant à l'unité (1re et 2e parties)...	1	1	1	1	1	1	»
Contrôle spécial des armes...	1	1	1	1	1	1	»
Contrôle spécial des outils portatifs...	1	1	1	1	1	1	»
Contrôle spécial des bicyclettes...	(1)	(1)	(1)	(1)	(1)	(1)	»
Contrôle spécial des effets de harnachement de cavalerie (2)...	(1)	(1)	(1)	(1)	(1)	(1)	»
Contrôle spécial des effets de harnachement de l'artillerie, du train et du génie (2)...	(1)	(1)	(1)	(1)	(1)	(1)	»

(A) Ou fraction d'unité commandée par un officier.
(1) S'il y a lieu.
(2) Les modèles de ces contrôles sont donnés par les règlements spéciaux.

§ 11. *Pièces à fournir au conseil d'administration par les portions autres que la portion centrale.* — Les commandants de ces portions, lorsqu'elles sont pourvues d'une administration distincte, adressent au conseil d'administration, immédiatement après la vérification de leur comptabilité par le sous-intendant militaire local, savoir :

Trimestriellement.

1° Un extrait du registre-journal des recettes et des dépenses; toutes les opérations afférentes au trimestre d'exercice doivent y être transcrites littéralement avec énonciation en toutes lettres du restant en caisse.

Cet extrait est certifié par le commandant du détachement et vérifié par le sous-intendant militaire local, qui constate la situation matérielle des fonds;

2° Le registre-inventaire du matériel en service;

3° Un extrait du registre-journal des distributions et des réintégrations (1);

4° Un extrait du carnet des matières et objets de consommation (1).

Ces documents sont appuyés des pièces justificatives de toutes les recettes et dépenses en deniers et de toutes les entrées et sorties du matériel;

5° La première partie du registre de comptabilité des unités administratives;

6° Un extrait certifié du registre des distributions de vivres et de fourrages relatant les fournitures reçues pendant le trimestre par chaque unité administrative.

Annuellement.

Les registres et pièces de toute nature qui doivent être classés dans les archives du corps.

Enfin, ils produisent au conseil d'administration tous les documents et renseignements nécessaires pour l'établissement, la vérification et la régularisation des comptes.

---

(1) L'envoi des extraits numérotés 3 et 4 doit être remplacé par la communication trimestrielle des registres d'entrée et de sorties (État et corps) du registre-journal des distributions et réintégrations et du carnet des matières et objets de consommation, s'il ne doit en résulter aucun inconvénient dans le service du détachement. Ces registres sont retournés au plus tard quinze jours après leur réception ou, sans délai, quand un fonctionnaire du contrôle ou de l'intendance les demande.

§ III (1). *Registres et documents de comptabilité des unités de la réserve et de l'armée territoriale.* — Les commandants des unités de réserve ou territoriales sont pourvus, pendant les périodes de convocation du temps de paix :

1° D'un carnet de comptabilité présentant le contrôle nominatif des officiers, sous-officiers, caporaux ou brigadiers et soldats qui comptent à l'effectif pendant la période de convocation et portant, en outre, l'indication : armes délivrées, l'enregistrement des situations et mutations journalières, l'enregistrement de la solde de la troupe, des rations diverses perçues et des timbres-poste pour la franchise postale :

2° D'un livret d'ordinaire;

3° D'un registre d'ordres et d'une couverture du carnet de comptabilité;

4° De situations-rapports,
5° De situations administratives,
6° De feuilles de prêt,
en quantité correspondant au nombre de jours que doit comprendre la période;

7° D'un carnet à souches de bons numériques;

8° Du nombre de listes nominatives pour la franchise postale correspondant au nombre de jours de la période.

Ces différents documents sont fournis par le trésorier du corps actif, sauf le livret d'ordinaire qui est acheté sur les fonds de l'ordinaire de l'unité et le carnet à souches de bons numériques qui est acheté sur le fonds commun de la masse d'habillement.

Ils sont remis, en fin de période de convocation, au trésorier chargé de leur conservation.

Art. 183. Le présent règlement sera mis en pratique à la date du 1er juillet 1906.

Abrogation des dispositions antérieures au présent règlement.

Art. 184. Sont abrogées toutes les circulaires et décisions ministérielles concernant l'application du règlement du 14 janvier 1889 sur l'administration et la comptabilité des corps de troupe, notamment :

1889.	12 sept.	Note relative à la formation du conseil d'administration dans les bataillons de chasseurs à pied détachés de leur dépôt.

---

(1) § III modifié par la circulaire du 6 mai 1909, *B. O.*, p. 739.

1890. 24 mai. Note relative à la constitution des conseils d'administration dans les bataillons de chasseurs à pied constitués à six compagnies et dont la portion principale est détachée de la portion centrale.

1890. 3 juin. Note relative au visa journalier du registre de route par le major.

1890. 14 juin. Note relative à l'application de l'article 82 du décret du 14 janvier 1889.

1890. 1ᵉʳ nov. Substitution d'un nouveau modèle de feuille de prêt à celui qui figure au décret du 14 janvier 1889.

1891. 4 déc. Note relative au droit à l'indemnité kilométrique de bagages aux officiers changeant définitivement de garnison avec leur troupe (mode de remboursement au corps).

1892. 20 mars. Note concernant les inscriptions relatives aux avances de fonds faites aux fractions qui se détachent des corps de troupe.

1892. 6 nov. Note relative à l'inscription, au livret matricule et au registre matricule, des payements effectués (primes de rengagement) aux sous-officiers rengagés.

1892. 24 déc. Immatriculation des hommes envoyés à l'escadron des spahis soudanais.

1893. 30 juill. Exercice du contrôle du sous-intendant militaire sur la gestion des corps de troupe.

1893. 27 sept. Note relative à la tenue, dans les sous-intendances, d'un registre des mouvements de fonds déposés au Trésor par les corps de troupe.

1894. 13 oct. Note ministérielle relative à l'enregistrement des marchés passés dans les corps de troupe.

1896. 18 mars. Instruction ministérielle concernant certaines dispositions spéciales aux militaires de la réserve et de l'armée territoriale.

1897. 12 août. Décision ministérielle relative à l'établissement des procès-verbaux de perte de matériel.

1897. 13 oct. Note relative à la régularisation, dans les écritures des corps de troupe, des vivres perçus à charge de remboursement.

1898. 26 janv. Note modifiant l'annexe n° 1 du décret du 14 janvier 1889. (Payement des dépenses.)

1898. 9 févr. Note rappelant les règles à observer pour l'immatriculation des militaires envoyés, soit à l'escadron des spahis soudanais, soit à l'escadron des spahis sénégalais.

1898. 18 avril. Note relative aux droits aux rations de fourrages et au ferrage gratuit pour les chevaux amenés par les officiers de réserve et de l'armée territoriale.

1898. 5 sept. Note ministérielle modifiant le registre des entrées et des sorties du matériel appartenant au corps.

1898. 14 nov.   Note relative à la régularisation, dans la centralisation des corps de troupe, de la valeur des vivres perçus à charge de remboursement.

1899. 7 janv.   Note relative à la vérification inopinée de la caisse des conseils d'administration à faire par les fonctionnaires de l'intendance.

1899. 28 déc.   Circulaire relative à la comptabilité tenue pour le matériel acheté au compte de la masse de harnachement dans les corps de troupe de l'artillerie et du train des équipages militaires.

1900. 5 juin.   Notification d'un complément à la note du 26 janvier 1898, relative à l'application du décret du 14 janvier 1889, sur la comptabilité et l'administration des corps de troupe.

1900. 1er oct.   Circulaire pour l'application de la décision du 1er octobre 1900, sur la régularisation des perceptions de porc salé.

1900. 5 nov.   Circulaire complétant les dispositions de l'annexe 2 du décret du 14 janvier 1889 sur l'administration et la comptabilité des corps de troupe en ce qui concerne les recettes et les dépenses relatives à l'ordinaire.

1901. 2 mars.   Circulaire relative à la formation d'un conseil d'administration unique siégeant à la portion principale dans les régiments de cavalerie précédemment pourvus des deux conseils d'administration.

1901. 9 mai.   Nouveau modèle de relevé des dépenses faites par les corps de troupe.

1901. 11 juill.   Circulaire relative à la conservation dans les archives des corps, de divers documents et pièces de comptabilité concernant les unités.

1901. 9 sept.   Circulaire relative à l'interprétation à donner aux dispositions de l'annexe n° 3 du décret du 14 janvier 1889 en ce qui concerne l'établissement des procès-verbaux de formation, de dissolution et de dédoublement des corps ou fractions de corps de troupe.

1902. 17 juin.   Circulaire relative à la conservation, dans les archives des corps, des divers documents et pièces de comptabilité.

1902. 9 juill.   Circulaire relative à l'acquit sur les traites présentées par un tiers porteur.

1902. 29 juill.   Circulaire relative à la vérification des feuilles de prêt.

1902. 19 nov.   Circulaire relative à la tenue du registre des fonds divers.

1903. 17 févr.   Circulaire relative au remboursement des trop-perçus en vivres.

1903. 16 avril. Circulaire relative à une modification à faire à l'annexe n° 2 du règlement du 14 janvier 1889 sur l'administration et la comptabilité des corps de troupe.

1903. 4 mai. Notification d'une modification au modèle n° 44 annexé au décret du 14 janvier 1889 sur l'administration et la comptabilité des corps de troupe.

1903. 27 oct. Nouveau modèle du compte trimestriel (fonds particulier) de la masse d'habillement et d'entretien.

1903. 5 nov. Circulaire relative à la garde de la caisse des trésoriers des corps de troupe.

1904. 5 févr. Appendice au décret du 14 janvier 1889, portant règlement sur l'administration et la comptabilité des corps de troupe. (Comptabilité du matériel des corps de troupe fractionnés.)

1904. 27 févr. Circulaire donnant délégation aux fonctionnaires de l'intendance pour les vérifications et recensements des gestions des ordinaires, des fonds particuliers et des magasins de compagnie.

1904. 22 mars. Circulaire relative au versement dans la caisse du conseil d'administration du montant des états d'indemnité de route perçu au Trésor.

1904. 27 avril. Notification à insérer au renvoi (2), à la fin du 2° alinéa du paragraphe A, *Tenue des registres*, de l'appendice du 5 février 1904 au décret du 14 janvier 1889.

1904. 20 août. Circulaire relative à l'inscription, sur les livrets matricules et les folios mobiles, de la mention du payement des primes de rengagement aux caporaux ou brigadiers et soldats rengagés.

1905. 22 avril. Annexe n° 5 à l'instruction donnant l'exposé et réglant l'application des principales dispositions qui figurent au budget de 1905, relativement à l'alimentation des troupes et à l'unification des soldes.

Le Ministre de la guerre,
EUG. ÉTIENNE.

Instruction pour la tenue de la comptabilité du matériel affecté par le Département de la guerre aux douaniers et chasseurs forestiers.

(Direction de l'Intendance militaire; Bureau de l'Habillement et du Campement.)

Paris, le 27 août 1906.

Conformément aux dispositions de l'article 131 du règlement du 20 mars 1906, sur l'administration et la comptabilité des corps de troupe, lesdits corps ont la gestion du matériel de la réserve de guerre constitué en vue de leur mobilisation ou des unités qui leur sont rattachées administrativement, quel que soit l'emplacement de ce matériel.

Par application de ce principe, les directeurs des douanes et les conservateurs des forêts doivent être gestionnaires du matériel qui est mis gratuitement, dès le temps de paix, à la disposition de leur direction ou conservation par le Département de la guerre, pour les besoins de la mobilisation.

Ils ont à tenir :

1° Un compte de gestion B¹ par service (1);

2° Un registre commun des entrées et des sorties de ce matériel, avec une section par service;

3° Des états modèle 52 et 53 des fixations de la réserve de guerre, prévus par le règlement du 26 décembre 1902, et l'instruction du 30 du même mois sur la comptabilité-matières du Département de la guerre (vol. 27).

Les armes et objets délivrés par le Département de la guerre au titre du service courant seront, bien entendu, compris dans les mêmes comptes que le matériel de la réserve de guerre.

Les comptes de gestion sont remis au sous-intendant militaire de la place où se trouve la direction des douanes ou la conservation des forêts, ou, à défaut, au sous-intendant de la place la plus voisine.

Ce sous-intendant envoie lesdits documents aux époques réglementaires au directeur de l'intendance.

Les états 52 et 53 sont adressés également au sous-intendant militaire. Ils sont vérifiés et transmis dans les mêmes conditions que ceux des corps de troupe et sont compris dans les mêmes

---

(1) Supprimé. (Voir, page 71, l'art. 163 du règlement du 20 mars 1906.)

centralisations, selon qu'il est prescrit pour le matériel du service.

Ces dispositions étant applicables aux divers matériels dont les directions des douanes et les conservations des forêts sont gestionnaires, au titre du Département de la guerre, les comptes de gestion des douanes ne seront plus centralisés à l'avenir à la direction des douanes au ministère des finances.

Les registres et pièces justificatives sont fournis gratuitement par l'administration centrale de la guerre.

Pour les mouvements à l'intérieur de chaque direction ou conservation, il doit être fait emploi des bulletins (modèle 59) prévus à l'article 156 du règlement et de l'instruction du 20 mars 1906 sur l'administration et la comptabilité des corps de troupe

La présente instruction recevra son application à partir du 1er octobre 1906.

Eug. ÉTIENNE.

Notification portant solution à des questions posées pour l'application du décret du 20 mars 1906 sur l'administration et la comptabilité des corps de troupe.

(Direction de l'Intendance militaire; Bureau de la Solde.)

Paris, le 24 octobre 1906.

QUESTIONS.

1° Aux termes de l'article 8 du décret du 20 mars 1906, le conseil d'administration de régiment doit comprendre l'officier supérieur du corps le plus ancien dans le grade le plus élevé présent dans la garnison.

Cette prescription s'applique-t-elle à l'officier supérieur commandant un bataillon de forteresse stationné dans la même place que la portion centrale de son régiment?

SOLUTIONS.

Réponse négative.

L'officier supérieur commandant un bataillon de forteresse dans la place où se trouve stationnée la portion centrale de son régiment ne fait pas partie de cette portion dans le sens indiqué par l'article 42 du décret du 20 octobre 1892 sur le service intérieur (infanterie) (1).

Devant, dès lors, être considéré comme réellement détaché avec son bataillon pour la défense de la place, cet officier supérieur ne peut exercer, en aucun cas, le commandement de la portion centrale de son régiment ni faire partie du conseil d'administration, non plus d'ailleurs que les commandants d'unités de son bataillon.

____

(1) Remplacé par l'article 39 du décret du 25 août 1913 (vol. 78).

QUESTIONS.

SOLUTIONS.

2° En raison de l'institution du prêt décadaire, doit-on continuer à se conformer aux prescriptions de l'article 38 du règlement du 29 mai 1890, sur la solde suivant lesquelles les états de solde de la troupe sont établis chaque quinzaine pour les besoins de la quinzaine suivante?

Nota. — Le prêt est payable par quinzaine (voir page 52, l'art. 103. L'art. 38 du 29 mai est remplacé par l'art. 21, (a du règlement du 10 janvier 1912, vol. 88.)

La solde des officiers n'étant perçue qu'une fois par mois, par le trésorier, il en sera de même pour la troupe, toutes les fois que les ressources de la caisse du corps permettront d'assurer le payement du prêt échu le 21 (1); les déplacements du trésorier deviendront ainsi moins fréquents. A cet effet, les états de solde seront toujours établis tous les quinze jours et d'avance, mais le montant de l'état de solde établi pour la deuxième quinzaine du mois pourra n'être touché au Trésor que le dernier jour du mois, en même temps que le montant de l'état produit pour la première quinzaine du mois suivant.

3° Dans quelles conditions doit être effectuée par les fonctionnaires de l'intendance la vérification de l'état trimestriel des dépôts et retraits de fonds au Trésor dont l'établissement est prescrit par l'article 92 du décret du 20 mars 1906?

Le sous-intendant militaire vérifie l'état trimestriel dont il s'agit au moyen des inscriptions faites au livret de compte courant avec le Trésor, livret qu'il se fait présenter par le major, et en outre, lorsqu'il y a lieu, au moyen de l'état semestriel établi par le trésorier payeur général. (Décret du 4 janvier 1897.)

4° D'après le modèle de registre-journal des recettes et des dépenses, les fonctionnaires de l'intendance ont, lors de leurs vérifications de caisse, à mentionner le montant des récépissés de dépôt de fonds au Trésor, pièces dont la conservation incombe au major.

Dans quelles conditions cette mention doit-elle être inscrite au registre?

Le livret de compte courant avec le Trésor étant à vérifier au même titre que la caisse du corps, le sous-intendant militaire doit se faire présenter ce livret par le major.

Dans le cas où le livret ne pourrait être vérifié le jour même que la caisse, le sous-intendant militaire considérerait comme exactes les inscriptions des dépôts et retraits faits pour mémoire au registre-journal; mais alors il se ferait fournir par le président du conseil d'administration un bulletin indiquant quel était, à la date de la vérification de la caisse, le solde du compte courant tel qu'il résulte des inscriptions portées au livret de ce compte.

_____

(1. Le 10 : voir l'article 108 du règlement du 20 mars 1903 modifié.

<table>
<tr><td>QUESTIONS.</td><td>SOLUTIONS.</td></tr>
</table>

5° Sur quels fonds doivent être achetés certains imprimés et registres dont la tenue est prescrite par le décret du 20 mars 1906?

Sont à la charge des frais de bureau de l'officier d'habillement :

Registre des marchés passés par le conseil ou par le chef de corps (modèle n° 4).

Registre des comptes courants avec les détachements et les annexes (modèle n° 11).

Registre-inventaire du matériel en service (modèle n° 14).

Carnet des objets et matières de consommation (modèle n° 18).

Sont à la charge du fonds commun de la masse d'habillement :

Carnet-inventaire du matériel en service (modèle n° 15).

Catalogue des ouvrages de bibliothèque et de musique (modèle n° 16).

Contrôle général des instruments de musique (modèle n° 22).

Sont à la charge des fonds particuliers de la masse d'habillement :

Contrôle spécial des armes (modèle n° 30).

Contrôle spécial des outils portatifs (modèle n° 31).

Contrôle spécial des bicyclettes (modèle n° 32).

Carnet à couche des bulletins de dépôt d'armes et munitions (modèle n° 63).

Quant aux bons, bulletins et bordereaux, ils étaient déjà antérieurement fournis sous une autre forme et leur achat doit continuer d'être effectué comme par le passé.

*Instruction sur le fonctionnement de la masse individuelle
au régiment de sapeurs-pompiers de la ville de Paris* (1).

Paris, le 5 avril 1907.

I. — OBJET DE LA MASSE.

La masse individuelle est destinée à pourvoir et à entretenir
les hommes (adjudants et chef armurier de 1re classe exceptés)
des effets d'habillement, de grand et de petit équipement.

II. — RECETTES DE LA MASSE.

1° Première mise d'équipement, fixée à 105 francs, allouée à
tous les hommes appelés, engagés ou commissionnés, nouvelle-
ment incorporés.

N'ont pas droit à cette première mise :

a) Les militaires qui ont servi au corps et qui y rentrent, après
la libération, comme rengagés ou commissionnés;

b) Les militaires reconnus inaptes au service du corps après
leur arrivée, ou rayés des contrôles par suite d'une éventualité
quelconque, et qui, pour ces différentes raisons, n'auraient pas
encore été habillés;

2° Prime journalière d'entretien, au taux unique de **0 fr. 50**,
due pour toutes les journées donnant droit à la solde de présence;

3° Versements volontaires ou obligatoires faits par les hommes.

Les commissionnés qui donnent leur démission ayant un débet à leur masse ne peuvent être rayés des contrôles sans couvrir ce débet.

Le conseil d'administration peut ordonner des retenues sur
l'indemnité spéciale des hommes dont la masse présente un débet anormal ou qui ne sont pas admis au service d'incendie.

Les versements sont faits et inscrits à chaque prêt, ou immédiatement, en cas de libération;

4° Remboursement par la ville de Paris des débets laissés au

---

(1) Modifiée par l'annexe n° 8 du règlement du 10 janvier 1912 et la circulaire du 26 juillet 1913 (vol. 88).

corps par les hommes rayés des contrôles et de l'avoir à la masse des déserteurs réintégrés sur les contrôles.

Ce remboursement a lieu par virement sur la revue de liquidation;

5° Produit de la vente d'effets dans l'intérieur de la compagnie.

La vente a lieu au moment de la radiation des contrôles.

Elle est facultative pour les hommes dont la masse est en avoir.

Elle est obligatoire pour ceux dont la masse est en débet, jusqu'à concurrence de ce débet.

Elle est toujours obligatoire, quelle que soit la situation de la masse, pour les condamnés par les conseils de guerre et pour les déserteurs.

Un compte de compagnie est constitué à la gauche de la feuille de décompte, afin que le capitaine puisse utiliser, au mieux des intérêts de la ville de Paris et des masses individuelles, les effets vendus par les hommes.

Tous les effets que le capitaine juge utile d'acquérir sont cédés à ce compte par préemption.

Le prix d'achat ne peut être supérieur aux huit dixièmes ni inférieur aux deux dixièmes du prix de l'effet neuf. Il est fixé par le capitaine, en présence de l'officier de peloton et de l'intéressé, celui-ci étant, en cas d'absence, représenté par son chef d'escouade.

Les autres effets sont seuls vendus aux enchères aux militaires de la compagnie.

La vente est constatée et réglée au moyen d'un état de virement émargé par les parties qui y ont figuré et joint à la feuille de décompte;

6° Indemnité pour effets détériorés dans les incendies ou dans les services commandés autres que les services journaliers.

Le montant de cette indemnité est fixé par la commission d'habillement et remboursé par la ville de Paris, en fin de trimestre, sur état certifié par le conseil d'administration.

III. — Dépenses de la masse.

1° Fourniture des effets d'habillement, de grand et de petit équipement;

2° Entretien et réparation de ces effets;

3° Payement du décompte.

Le complet de l'avoir à la masse est fixé à 100 francs. L'excédent, appelé communément décompte, est payé aux intéressés le 11 ou le 21 du premier mois de chaque trimestre, tel qu'il ressort de l'arrêté du trimestre précédent. Les absents, à la date du payement, ne peuvent recevoir leur décompte;

4° Versement à la ville de Paris de l'avoir à la masse des déserteurs rayés des contrôles.

Ce versement a lieu par virement sur la revue de liquidation;

5° Payement de l'avoir aux intéressés ou à leurs ayants droit.

Ce payement est fait au moment de la radiation des contrôles, pour les hommes présents, entre les mains du capitaine, sur un extrait de masse acquitté par lui; pour les absents, soit directement à l'homme, sur son acquit, soit par envoi au dépôt réglementaire, d'après un extrait de masse certifié par le capitaine;

6° Imputations diverses dont la mise à la charge de l'homme est prononcée par le conseil d'administration.

Circulaire relative à l'action des sous-intendants militaires en cas de mutations de comptables du matériel dont les corps de troupe sont détenteurs.

(Direction de l'Intendance militaire; Bureau de l'Habillement et du Campement.)

Paris, le 27 juin 1907.

Aux termes de l'article 170 du règlement du 20 mars 1906 sur l'administration et la comptabilité des corps de troupe, les fonctionnaires de l'intendance ont toute initiative pour effectuer les vérifications des comptes en matières des corps, et pour procéder périodiquement ou inopinément aux recensements de matériel qui en sont la conséquence.

Ces fonctionnaires doivent profiter de la latitude qui leur est ainsi donnée en vertu des dispositions précitées, pour procéder à des recensements le plus fréquemment possible, mais surtout au moment des mutations de comptables.

Il est arrivé, en effet, que la mise en jeu des responsabilités encourues à raison de déficits ou d'avaries constatés dans le matériel dont les corps sont détenteurs a été rendue plus difficile par suite de mutations survenues parmi les officiers comptables dudit matériel.

En conséquence, l'attention des sous-intendants militaires est attirée sur ce point. Chaque fois que, dans les corps ou détachements dont la vérification leur incombe, une mutation d'officier comptable d'un matériel déterminé, se produira, ils devront effectuer, à une date aussi rapprochée que possible, un recensement partiel ou total de ce matériel, ils s'assureront, notamment, que la prise en charge a été régulièrement effectuée, s'enquerront des difficultés qu'elle a pu faire naître et interviendront, s'il y a lieu, pour provoquer leur solution.

Les fonctionnaires de l'intendance engageraient leur responsabilité s'ils ne procédaient pas, avec toute la diligence nécessaire, aux opérations de vérifications ci-dessus décrites.

◆

Circulaire relative à la régularisation des opérations de passage d'un corps à l'autre, du matériel de l'État laissé sur place par les corps de troupe changeant de garnison.

(Direction de l'Intendance militaire; Bureau de l'Habillement et du Campement.)

Paris, le 26 janvier 1908.

Il a été signalé que des difficultés s'étaient produites lors des changements de garnison effectués par divers corps de troupe, au cours de l'année 1907, en ce qui concerne la régularisation des opérations de passage d'un corps à l'autre du matériel de l'État laissé sur place.

Il est rappelé, à ce sujet, que le matériel dont il s'agit doit être régulièrement facturé par le corps partant au corps arrivant.

Chaque corps faisant mouvement doit emporter tous ses registres et documents de comptabilité (y compris ses comptes de gestion), à l'exception des carnets de pointures et documents annexes, ainsi que des notes, circulaires et instructions ayant un caractère local.

Les modifications apportées à la réserve de guerre de chaque corps de troupe, par suite de son changement de garnison, doivent apparaître dans les états modèle n° 53 établis dans les conditions de la circulaire du 2 août 1905 sur l'application de l'instruction du 30 décembre 1902.

Toutefois, en ce qui concerne le service de l'habillement, dont la fixation est arrêtée par corps d'armée, et éventuellement pour tout autre service pour lequel une mesure analogue serait prise ultérieurement, on se conforme aux dispositions suivantes :

Si la portion centrale du corps déplacé ne quitte pas la région du corps d'armée, les modifications apportées. à la fixation sont mentionnées sur le plus prochain état modificatif trimestriel adressé au commandant du corps d'armée

Si la portion centrale quitte la région, le matériel de la réserve de guerre laissé sur place est porté immédiatement en diminution des fixations du corps partant, sur un état modificatif n° 53 spécial adressé sans retard au général commandant le corps d'armée quitté, lequel conserve cet état par devers lui pour servir, s'il y a lieu, à l'établissement de l'état n° 53 modificatif de la fixation globale qu'il envoie au Ministre en fin de trimestre. Quand cet état lui revient approuvé, il avise le corps intéressé, par l'intermédiaire de son nouveau commandant de corps d'armée, des modifications à porter sur son état n° 52, en lui renvoyant, approuvée, la deuxième expédition de l'état n° 53 spécial.

Le matériel du même service, pris en charge dans la nouvelle garnison, est porté en augmentation des fixations, sur le plus prochain état modificatif trimestriel envoyé au commandant du corps d'armée sous l'autorité duquel le corps est passé.

Dans le cas où il aurait été opéré autrement à l'occasion de certains des changements de garnison visés ci-dessus, des mesures seraient prises d'urgence pour régulariser la situation dans le sens indiqué.

*Circulaire concernant les avances aux trésoriers des corps
de troupes entrant en fonctions.*

(Direction de l'Intendance militaire; Bureau de la Solde.)

Paris, le 16 février 1909.

Les conseils d'administration ont la faculté de faire, le cas
échéant, aux trésoriers entrant en fonctions qui le demande-
raient, une avance sur les fonds généraux de la caisse régimentaire, pour leur permettre de payer immédiatement à leurs prédécesseurs la valeur du matériel de bureau et des imprimés
utilisables que ces derniers leur cèdent.

L'avance ne sera consentie qu'au vu de l'inventaire de cession;
elle sera remboursée dans les conditions fixées par les conseils
sous leur responsabilité.

------

*Circulaire relative aux avances à faire à leur entrée en fonc-
tions, aux officiers chargés du matériel dans les corps de
troupe.*

Paris, le 13 juin 1914.

La circulaire du 16 février 1909, concernant les avances aux
trésoriers de corps de troupe, lors de leur entrée en fonctions,
est applicable, dans les mêmes conditions, aux officiers chargés
du matériel.

------

*Circulaire relative à la désignation des officiers payeurs
dans les régiments d'artillerie.*

(Direction de l'Intendance militaire; Bureau de la Solde.)

Paris, le 25 mars 1910.

La question a été posée de savoir si les adjudants adjoints au
trésorier, dont l'emploi a été créé dans les régiments d'artillerie
de trésorier ou d'officier payeur et encourir les responsabilités
par la loi du 24 juillet 1909, pouvaient être chargés des fonctions

pécuniaires prévues, pour ces fonctions, par le règlement du 20 mars 1906.

Cette question doit être résolue par la négative.

Il appartiendra aux chefs de corps, toutes les fois que les circonstances l'exigeront, de désigner un des officiers sous leurs ordres pour remplacer le trésorier ou faire fonctions d'officier payeur.

Instruction relative au fonctionnement des services administratifs dans les compagnies sahariennes.

(Direction de l'Intendance militaire; Bureau de la Solde.)

Paris, le 9 août 1910.

Art. 1er. La solde des compagnies sahariennes est ordonnancée par le sous-intendant d'Aïn-Sefra ou de Biskra.

Le général commandant le 19e corps d'armée fixe les avances que les différentes compagnies sont autorisées à percevoir, dans les limites fixées par le décret du 10 septembre 1902 (1).

La perception des fonds a lieu, soit chez les receveurs des contributions diverses à Biskra, à Timmimoun ou à Ouargla, soit chez le payeur d'Aïn-Sefra, ou leurs préposés, selon que le service local le juge préférable, eu égard aux difficultés de communication qui peuvent exister entre les résidences de ces agents et le siège des compagnies.

Art. 2. Les dispositions du décret du 20 mars 1906 (voir p. 20) sur l'administration et la comptabilité des corps de troupe, et du décret du 29 mai 1890 (vol. 88) sur la solde et les revues (2), sont applicables aux compagnies, en ce qui concerne les dépenses, les recettes et les liquidations.

La perception, le payement et la régularisation de la solde des officiers détachés éventuellement dans les oasis sont effectués sur les mêmes états de solde. les mêmes feuilles d'émargement et les mêmes revues de liquidation que pour les officiers du cadre des compagnies.

---

(1) Remplacé par l'article 24 c de l'instruction du 10 janvier 1912 (vol. 88).
(2) Abrogé et remplacé par celui du 10 janvier 1912 (vol. 88).

Toutefois, il est établi, pour chaque catégorie d'officiers détachés, une feuille de journées nominative qui, jointe à la revue, doit permettre à l'administration centrale de réimputer la dépense au chapitre intéressé du budget.

Il est opéré de même pour les isolés et les détachements.

Art. 3. Les frais de déplacement des isolés sont payés et régularisés par les commandants des compagnies, conformément au règlement du 12 juin 1908 (vol. n° 100⁵).

Art. 4. Chaque compagnie fait, sur les fonds généraux de sa caisse, les avances nécessaires pour le payement de toutes les dépenses de matériel.

Ces avances lui sont ensuite remboursées par mandat du sous-intendant militaire d'Aïn-Sefra ou de Biskra, sur la production de relevés accompagnés de pièces justificatives.

Art. 5. Les commandants des compagnies peuvent être appelés à encaisser les recettes postales et le produit de l'impôt, et, en outre, à payer des dépenses du budget des territoires du Sud.

Dans ce cas, les règles de recouvrement et de payement sont déterminées par arrêté du gouverneur général de l'Algérie, en vertu des pouvoirs qui lui sont conférés par l'article 7, paragraphe 2, du règlement d'administration publique du 30 décembre 1903 sur l'organisation financière des territoires du Sud (*Bulletin des lois*, 1ᵉʳ sem. 1904, p. princip. p. 1488).

Circulaire relative à la surveillance de l'administration des corps de troupe.

(Cabinet du Ministre; Bureau de la Correspondance générale.)

Paris, le 20 juin 1911.

Le Ministre de la guerre à MM. les Gouverneurs militaires de Paris et de Lyon; les Généraux commandant les corps d'armée; le Général commandant la division d'occupation de Tunisie.

J'ai eu le regret de constater que, malgré les instructions données, à plusieurs reprises, par mes prédécesseurs, il se produisait encore· dans l'administration intérieure des corps de troupe des irrégularités quelquefois très graves qui eussent été évitées par l'application stricte et rigoureuse des prescriptions réglementaires relatives à la surveillance administrative.

J'invite formellement les commandants de corps d'armée à ne pas perdre de vue les obligations et les responsabilités qui leur incombent personnellement aux termes du titre III de la loi du 16 mars 1882 et du titre XI du décret du 20 mars 1900. Ils devront fréquemment se faire rendre compte, par les directeurs de l'intendance, de la manière dont la vérification des comptes des corps de troupe est assurée et ne devront pas hésiter à prendre ou à me proposer les sanctions nécessaires lorsque ces vérifications auront fait apparaître des fautes ou des négligences.

J'attache, d'autre part, une grande importance à ce que tous les officiers généraux exercent effectivement sur l'administration des corps de troupe la surveillance dont la loi et le règlement précités leur font une obligation. Je rappelle, à ce sujet, que les officiers généraux peuvent déléguer aux fonctionnaires de l'intendance une partie de leur pouvoir de surveillance sur les actes administratifs des corps de troupe et qu'ils doivent toujours procéder eux-mêmes aux vérifications prescrites par l'article 45 de l'instruction sur le service courant (volume 74).

Plus deviennent lourdes les charges que s'impose le pays pour l'entretien de l'armée, plus se manifeste la nécessité d'un contrôle rigoureux et précis de toutes les dépenses militaires. Je compte sur le zèle de tous pour éviter le retour de fautes préjudiciables à la fois aux personnes, aux intérêts de l'Etat et à ceux des corps de troupe, et pour assurer l'emploi judicieux et régulier des crédits accordés par le Parlement en vue de satisfaire aux besoins de l'administration de la guerre.

Instruction sur l'administration des maghzens et des goums de l'Algérie à la charge du budget de la guerre.

Paris, le 17 mai 1914.

I. — DISPOSITIONS GÉNÉRALES.

a) Le maghzen est une force supplétive indigène organisée en permanence. La plupart des maghzens servent sans interruption; toutefois, certains d'entre eux, bien qu'organisés en tout temps, ne sont convoqués qu'en cas de nécessité.

Le goum est une force supplétive indigène levée temporairement dans les tribus pour participer à une opération déterminée.

b) Dans chaque cercle, annexe ou poste, il est dressé une liste des indigènes demandant à servir, le cas échéant, comme moghazenis, et à fournir en permanence ou temporairement, une monture, cheval ou méhari, susceptible d'un service de guerre. Ces indigènes doivent présenter les aptitudes nécessaires au service qu'ils sont appelés à fournir. Leur effectif n'est pas limité.

c) Les cadres des maghzens et des goums sont constitués par des officiers des bureaux des affaires indigènes ou des compagnies sahariennes et par des chefs de groupe indigènes.

Lorsque les maghzens et les goums ont un effectif égal ou supérieur à 50 hommes, des sous-officiers européens peuvent être adjoints aux officiers pour les seconder dans le commandement et l'administration. Les gradés affectés à ces formations indigènes, dans la proportion d'un sous-officier pour 50 hommes, sont pris soit dans les compagnies sahariennes, soit dans un régiment de spahis algériens.

d) Chaque maghzen ou goum est considéré comme unité formant corps et est administré par l'officier des affaires indigènes qui le commande.

Cet officier réunit, en conséquence, les attributions et les responsabilités déterminées pour les commandants d'unité administrative par le règlement sur l'administration et la comptabilité des corps de troupe.

Il tient les contrôles, établit les états de solde et, le cas échéant, les bons pour les distributions en nature. Il assure le paiement aux parties prenantes des allocations en deniers auxquelles elles ont droit.

Il est pécuniairement responsable : de l'existence des fonds dont il a donné quittance et non encore employés, des paiements et des distributions de toute nature effectués contrairement aux règlements et instructions.

Les officiers commandant des maghzens ou des goums peuvent être autorisés à remplacer un de leurs chevaux par deux méharas, dans les mêmes conditions que les officiers des compagnies sahariennes.

e) Les moghazenis et les goumiers montés fournissent leur monture, qui doit être acceptée par l'officier commandant. Les chevaux et les juments doivent être âgés d'au moins quatre ans et ces dernières ne pas être en état de gestation avancée.

Les montures acceptées sont examinées, au point de vue de leur valeur, par une commission composée comme il suit :

Président : un capitaine d'une arme montée ou, à défaut, un capitaine compétent (à l'exclusion du capitaine du maghzen ou du goum);

Membres : un lieutenant du goum ou du maghzen (d'une arme montée si possible), un vétérinaire, un notable indigène.

Cette commission établit pour chaque monture qu'elle examine un état d'estimation qu'elle fait parvenir au sous-intendant militaire; sur le vu de cet état, ce fonctionnaire dresse un procès-verbal qu'il conserve dans ses archives et dont une copie doit suivre les animaux dans toutes leurs affectations.

Dans le cas où les circonstances locales ne permettraient pas de constituer la commission comme il vient d'être indiqué, sa composition pourrait être modifiée, sur la proposition des autorités locales, par le commandant militaire du territoire.

II. — Formation des maghzens et des goums de l'Algérie.

Les effectifs des maghzens de l'Algérie, entretenus sur le budget de la guerre sont fixés annuellement par le Ministre, sur la proposition du gouverneur général de l'Algérie, après avis du général commandant le 19° corps d'armée.

Ces propositions doivent parvenir à l'administration centrale (Etat-Major de l'Armée; Section d'Afrique) le 1ᵉʳ mai de chaque année pour l'année suivante.

Les maghzens non permanents sont convoqués :

a) Sur l'ordre du gouverneur général de l'Algérie, qui aura pris, au préalable, l'avis du général commandant le 19° corps d'armée, notamment pour employer le maghzen d'Ouargla ou celui du Touat-Gourara.

b) En cas d'urgence, pour riposter à une attaque, à un coup de main ou pour escorter les convois, sur l'ordre des commandants de territoire dont relèvent les maghzens. Dans ce cas, un compte rendu est adressé d'urgence au général commandant le 19° corps d'armée et au gouverneur général de l'Algérie, par la voie hiérarchique.

L'autorité qui donne l'ordre, fixe le nombre des moghazenis à lever et la durée probable de la convocation .

Les goums à la charge du budget de la guerre ne sont levés que sur l'ordre du Ministre de la guerre.

III. — Prestations en deniers.

Les moghazenis et les goumiers ont droit, pour chaque journée de présence, à une solde variable suivant les postes dont ils relèvent, et suivant qu'ils sont ou non chefs de groupe (voir tableau I ci-annexé).

Lorsqu'ils sont détachés hors de leurs postes habituels, les moghazenis et les goumiers perçoivent la solde et les indemnités allouées aux maghzens et aux goums locaux, toutes les fois que ces allocations sont supérieures à celles qu'ils percevaient dans leur propre région.

Aucune prestation n'est due, en principe, pour les journées d'absence (permission, congé, séjour à l'hôpital). Toutefois, les moghazenis et goumiers conservent le droit à la solde :

1° Pour toutes les journées passées dans les formations sanitaires à la suite de blessures ou de maladies résultant d'événements de guerre;

2° Pendant les journées de route nécessaires pour se rendre soit au douar d'origine (moghazenis), soit au point de réunion du groupe (goumiers), quand ils sont dirigés sur ce point pour cause de libération du service ou de congé de convalescence faisant suite à une hospitalisation pour blessure ou maladie résultant d'événements de guerre.

Les gradés européens des maghzens ou des goums reçoivent les allocations (solde et indemnités) des militaires de leur grade du poste où ils sont affectés. Si les gradés détachés d'un régiment de spahis ne peuvent percevoir les fourrages en nature, il leur est alloué, selon qu'ils sont montés à cheval ou à méhari, une indemnité représentative de fourrage équivalant à une ration d'orge de 6 kgr. 125 ou de 2 kilogrammes.

Les goums levés en Algérie-Tunisie et employés au Maroc ont droit à une solde dont le tarif est indiqué au tableau II annexé à la présente instruction. Il leur est, en outre, alloué des prestations en nature dans les conditions fixées au paragraphe ci-après.

IV. — Prestations en nature.

Les moghazenis et les goumiers n'ont droit, en Algérie, à aucune prestation en nature. Lorsque la nécessité en est reconnue par le commandant militaire du territoire ou le commandant de la colonne dont ils font partie, ils peuvent être autorisés à percevoir, à titre remboursable, les vivres et les fourrages qui leur sont nécessaires. Les denrées qu'ils peuvent ainsi recevoir sont celles fournies à la troupe. La composition des rations est déterminée par les officiers commandant le maghzen ou le goum en restant dans la limite du taux de la ration forte pour les vivres et du taux de la ration en guerre (Algérie-Tunisie-Maroc) pour les fourrages.

Quant au nombre de rations également fixé par ces officiers, il ne peut être supérieur, pour chaque partie prenante, au nombre des journées de présence pendant lesquelles la perception des vivres et fourrages remboursables est autorisée.

Les goumiers levés en Algérie-Tunisie et employés au Maroc ont droit, à titre gratuit, aux denrées du service des subsistances nécessaires pour l'alimentation des hommes et des chevaux.

La composition des rations à leur allouer est la suivante :

Vivres....	Farine.	700 grammes.	
	Sel.	12	—
	Sucre.	21	—
	Café torréfié.	16	—
Fourrages.	Orge.	5 kgr. par cheval.	
	Orge.	2 kgr. par méhari.	

Lorsque la nécessité en est reconnue par le commandant militaire du territoire ou de la colonne dont ils font partie, ces goumiers peuvent être autorisés à percevoir, *à titre remboursable*, tout ou partie des vivres de la ration forte n'entrant pas dans la composition de leur ration spéciale.

Les gradés européens affectés à ces goums perçoivent les mêmes allocations en nature que les militaires de leur grade employés dans la région.

V. — LIVRET DE SOLDE.

L'officier commandant de maghzen ou de goum est pourvu d'un livret de solde destiné à recevoir l'inscription en toutes lettres par les agents des finances des sommes payées pour la solde.

VI. — REGISTRE-JOURNAL DES RECETTES ET DES DÉPENSES.

Chaque officier commandant de maghzen ou de goum tient un registre-journal des recettes et des dépenses; il y inscrit par ordre de date, en recette, les mandats qui lui ont été délivrés pour le maghzen ou le goum qu'il commande, et, en dépense, les paiements qu'il a effectués.

Chaque article enregistré reçoit un numéro d'ordre qui est inscrit sur la pièce justificative.

La série de numéros est annuelle et unique pour les recettes et les dépenses; elle est renouvelée le 1ᵉʳ janvier de chaque année.

La balance des recettes et des dépenses est faite trimestriellement par l'officier commandant; elle est vérifiée par le sous-intendant militaire.

VII. — Perception de la solde.

L'officier commandant le maghzen ou le goum perçoit la solde mensuellement et d'avance, dans les conditions fixées par l'article 24 C de l'instruction sur le service de la solde (é. n., vol. 88).

En cas d'urgence, et lorsque la localité où se trouve le maghzen ou le goum n'est pas résidence de sous-intendant, l'ordonnancement de l'état de solde est effectué à titre provisoire par le suppléant, dans les conditions déterminées par le règlement de la solde (art. 22).

La perception a lieu chez le payeur du Trésor ou chez ses représentants.

A la fin de chaque mois, l'officier commandant paye le montant de la somme revenant à chaque homme, déduction faite, le cas échéant, des denrées perçues à titre remboursable à l'administration militaire.

Cependant, lorsqu'il le juge nécessaire, il a la faculté de faire aux parties prenantes des avances sur le mois courant dans la limite des sommes acquises.

VIII. — Registre des distributions.

Le registre des distributions est destiné à recevoir l'inscription, par ordre de date et par nature de denrées, des rations distribuées à titre réglementaire aux goumiers levés en Algérie-Tunisie et employés au Maroc.

Les denrées perçues à charge de remboursement y sont inscrites distinctement (quantités et denrées).

IX. — Distributions a titre gratuit aux goumiers levés en Algérie-Tunisie et employés au Maroc.

Les distributions à titre gratuit de denrées du service des subsistances (vivres et fourrages) ont lieu sur la remise au distributeur (officier d'administration comptable ou entrepreneur) de bons partiels établis pour chaque distribution. Ces bons sont certifiés et signés par l'officier des affaires indigènes commandant.

En fin de trimestre, le bon total établi par le distributeur est adressé à l'officier commandant qui, après l'avoir vérifié, donne reçu en toutes lettres des denrées distribuées.

Ce bon total sert à établir le décompte de libération des fournitures en nature de la revue de liquidation correspondante.

Au préalable, il est inscrit sur le bordereau particulier du distributeur.

X. — Distributions a titre remboursable.

Les denrées des services des vivres et des fourrages sont distribuées, à titre remboursable, dans les conditions prévues au paragraphe IV, et délivrées sur la production de bons partiels (n° 281 *bis* de la nomenclature des imprimés) établis sur papier de couleur verte rappelant la date des décisions qui en autorisent la distribution, et signés par l'officier commandant.

Le remboursement des denrées perçues à titre remboursable est effectué en se conformant aux prescriptions de l'instruction du 18 octobre 1909 sur le service des subsistances militaires (art. 339-344, vol. 91).

XI. — Régularisation des prestations en deniers et en nature.

Pour la constatation des droits aux allocations en deniers et, le cas échéant, en nature (goumiers d'Algérie-Tunisie employés au Maroc) et pour la régularisation, il est tenu, dans chaque maghzen ou goum, par l'officier commandant, une feuille de journées-revue (numérique) tenant lieu de revue de liquidation et dont le modèle est annexé à la présente instruction.

Dans les quinze premiers jours de chaque trimestre, cette feuille de journées est arrêtée par l'officier commandant, qui l'envoie au sous-intendant militaire chargé de la surveillance administrative, en vue de la vérification réglementaire de la première partie et de l'établissement de la deuxième partie.

Dès que la feuille de journées-revue a été ainsi arrêtée de concert, l'officier commandant en établit trois expéditions, qu'il adresse au sous-intendant militaire avec la minute. Ce fonctionnaire, après s'être assuré de la concordance des expéditions avec la minute, les arrête définitivement. La minute est renvoyée à l'officier commandant; le sous-intendant militaire conserve dans ses archives une des trois expéditions de la revue, et adresse les deux autres au directeur de l'intendance, qui les transmet au Ministre, au plus tard le premier jour du troisième mois qui suit le trimestre.

XII. — Indemnité en cas de mort ou de blessure.

Tout moghazeni ou goumier devenu impotent à la suite de blessures reçues dans un service commandé recevra, à titre de réparation pécuniaire, une somme d'argent une fois payée.

Tout moghazeni ou goumier tué dans un service commandé ouvrira aux héritiers dont il était le soutien le droit à une réparation pécuniaire consistant en une somme d'argent une fois payée.

Cette indemnité est accordée et payée dans les conditions fixées à l'article 12 du décret du 8 août 1885 (*B. O.*, É. M., vol. 70).

XIII. — Indemnité pour perte de monture.

Les moghazenis et goumiers dont les montures sont tuées ou sont mortes des suites de blessures reçues ou de fatigues éprouvées dans un service militaire commandé, y compris les divers services d'ordre ou de police autres que celui des transports, ont droit à une indemnité.

Le même droit existe, si les chevaux sont morts de maladie, toutes les fois qu'il est démontré qu'il n'y a pas eu faute du propriétaire de la monture.

La perte doit être constatée par un fonctionnaire de l'intendance ou son suppléant, ou, à défaut, par l'autorité militaire (officier commandant le détachement ou la colonne dont fait partie le goumier ou moghazeni, ou bien le commandant d'armes du poste où il stationne, au moment où se produit la perte de sa monture).

Elle donne lieu à l'établissement d'un procès-verbal qui relate la perte, ainsi que les circonstances dans lesquelles elle s'est produite. Ce procès-verbal contient, en vue de la fixation de l'indemnité à allouer, des propositions basées sur la valeur de la monture au moment de la perte, sans qu'en aucun cas l'indemnité puisse excéder le maximum de 800 francs. (Circulaires des 16 juin 1920 et 10 avril 1923, B. O., p. 2120 et 1002.)

Pour déterminer la valeur de la monture au moment de la perte, on doit se baser sur le prix de l'estimation qui lui a été assignée lors de l'admission au goum ou maghzen et sur la durée du service effectué. A cet effet, il y a lieu de se reporter à la copie du procès-verbal dressé par le sous-intendant militaire conformément au paragraphe 1er de la présente circulaire et indiquant le prix d'estimation.

Le général commandant le 19e corps d'armée, le général commandant les troupes d'occupation du Maroc oriental ou le général commandant les troupes d'occupation du Maroc occidental, suivant que le goum ou le maghzen est placé sous les ordres de l'un de ces officiers généraux, statue définitivement sur les conclusions du procès-verbal de perte (qui lui est soumis avec un extrait du procès-verbal relatif à l'estimation de la valeur de la monture lors de l'admission) et fixe, sans en référer au Ministre, le montant de l'indemnité à allouer dans chaque cas particulier. Ces indemnités sont payées aux intéressés dans le plus bref délai possible.

Les indemnités dont il s'agit sont régularisées dans la feuille de journées-revue du trimestre, à l'appui de laquelle sont joints l'état émargé par l'intéressé et le procès-verbal de perte.

Les dépenses résultant de l'allocation de ces indemnités à des goumiers levés en Algérie pour servir au Maroc sont comprises dans les situations de dépenses supplémentaires occasionnées par le séjour des troupes au Maroc.

XIV. — Délivrance de matériel.

Les moghazenis et goumiers partant en campagne ou faisant partie d'une colonne pourront être autorisés par le général commandant le 19e corps d'armée à recevoir, à titre exceptionnel, et si les ressources des magasins administratifs ou des corps de troupe réguliers à proximité le permettent :

a) A titre de prêt, une toile de tente avec accessoires prêtée pour la durée du service du goum ou du maghzen. Les intéressés seront responsables de toutes pertes et détériorations autres que celles résultant d'événements de force majeure;

b) A titre remboursable, un bidon de 2 litres avec enveloppe et courroie et, pour les moghazenis et goumiers montés à cheval, un feutre de selle du modèle des spahis.

Les moghazenis et les goumiers montés auront aussi la faculté de faire ferrer leurs chevaux à titre remboursable par un maréchal ferrant militaire, lorsqu'ils se trouveront à proximité d'un corps de cavalerie.

XV. — Fourniture des imprimés.

Les commandants de goums ou maghzens pourvoient à l'achat de tous les registres et imprimés (y compris les imprimés de la nomenclature générale), ainsi que des fournitures de bureau nécessaires à l'administration de leurs unités.

Ils reçoivent à cet effet une indemnité pour frais de bureau fixée comme suit :

EMPLOI.	TAUX DE L'INDEMNITÉ			OBSERVATIONS.
	par an.	par mois.	par jour.	
Commandant de goum ou de maghzen temporaire.....	72 »	6 »	» 20	(1) Pour les maghzens dont l'effectif est supérieur à 100 hommes, cette indemnité est majorée de 1 fr. 50 par mois (0 fr. 05 par jour) pour chaque centaine ou fraction de centaine d'hommes en sus de 100.
Commandant de maghzen permanent (1)...........	54 »	4.50	» 15	

XVI.

Les dépenses des maghzens et goums d'Algérie et Tunisie sont imputées :

a) Aux crédits spéciaux du Maroc pour les goums levés en Algérie et employés au Maroc;

b) Aux chapitres indiqués ci-après de la 1re section du budget des troupes métropolitaines :

Chapitre de la solde des corps de troupe de cavalerie pour les maghzens stationnés sur les territoires du nord de l'Algérie;

Chapitre des subventions aux territoires du sud pour les maghzens stationnés sur les territoires du sud.

XVII. — Maghzens et goums des troupes d'occupation du Maroc.

Les maghzens et les goums recrutés en territoire marocain sont organisés et administrés selon des règles qui font l'objet de décisions spéciales du Ministre.

XVIII. — Documents abrogés.

Décision présidentielle du 21 février 1886 (*B. O.*, é. m., vol. 64, p. 484).

Décision ministérielle du 26 mars 1895 relative aux forces auxiliaires indigènes employées en Algérie et en Tunisie (*B. O.*, é. m., vol. 64, p. 484).

Instruction du 14 septembre 1906 sur l'administration des groupes de moghazenis et de goumiers du territoire d'Aïn-Sefra, du cercle de Marnia, de l'annexe d'El-Aricha et autres groupes levés par décision ministérielle.

Circulaires du 2 octobre 1909 et du 4 avril 1910 portant modifications à l'instruction du 14 septembre 1906.

Instruction du 9 août 1910 relative à la création de maghzens dans les annexes d'Ouargla et du Touat-Gourara et dans le cercle de Colomb.

Circulaire du 9 février 1911 (*B. O.*, p. r., p. 96).

TABLEAU I.

Tarifs de solde des Maghzens et Goums de l'Algérie
(Modifications du 9 avril 1919, *B. O.*, p. 1156).

		fr. c.
Marnia et El-Aricha..	Chef de maghzen..........................	4 50
	Moghazenis à cheval......................	3 50
Méchéria et Aïn-Sefra.	Chef de maghzen..........................	4 60
	Moghazenis à cheval......................	3 60
Beni-Ounif et Géry-ville.	Chef de maghzen..........................	4 95
	Moghazenis à cheval......................	3 95
Djelfa................	Chef de maghzen..........................	4 50
	Moghazenis à cheval......................	3 50
Laghouat..........	Chef de maghzen..........................	5 »
	Moghazenis à cheval......................	4 »
El-Oued............	Chef de goum............................	3 40
	Goumiers à méhari.......................	3 »
	Mokhazeni à méhari. .... (1).	6 85
	Chef de makhzen................... (2.	6 25
Beni-Abbès.........	Goumiers à méhari.......................	3 »
Ouargla.	Chef de goum............................	3 »
	Goumiers à méhari.......................	1 50
Hoggar goum Moussa ag Amastane.	Chef de goum............................	3 »
	Goumiers à méhari.......................	2 »

TABLEAU II.

Tarifs de solde des goums levés en Algérie, Tunisie et employés au Maroc.

GRADES.	SOLDE PAR JOUR.	OBSERVATIONS.
	fr.	
Chefs de goum..............	4 »	Le droit à cette solde est ouvert à partir du jour de la levée du goum et cesse le jour du licenciement.
Goumier....................	2 »	

(1) Dont 4 fr. 35 de solde proprement dite et 2 fr. 50 d'indemnité pour achat, nourriture et entretien de monture.

(2) Dont 3 fr. 75 de solde proprement dite et 2 fr. 50 d'indemnité pour achat, nourriture et entretien de monture. (Modification du 1er août 1923. *B. O.*, p. 2227.)

CORPS

—

PLACE

—

ᵉ TRIMESTRE.

(1) Désignation du magh-
zen ou du goum.

—

NOTA. — Cette feuille
de journées est établie
en quatre exemplaires,
dont une minute pour
le corps, une expédition
pour le Sous-Intendant
et deux expéditions pour
le Ministre.

—

*Pièces à l'appui de la
présente feuille de
journées tenant lieu de
revue de liquidation*

	NOMBRE
1ᵉ	
2ᵉ	
3ᵉ	
4ᵉ	
5ᵉ	
TOTAL....	

EXERCICE 19

CHAPITRE . ARTICLE DU BUDGET.

SERVICE DE LA SOLDE.

(1)

*Feuille de journées, tenant lieu de revue trimestrielle
de liquidation, du (1)
présentant journellement le décompte des
allocations en deniers et en nature dues pendant
le ᵉ trimestre 19 , ainsi que la balance de ces
allocations avec les perceptions.*

**Balance et situation de l'effectif au dernier jour
du trimestre.**

DÉTAIL DES GAINS ET DES PERTES.	HOMMES			CHEVAUX		
	montés.	à pied.	TOTAL.	d'officiers.	de troupe.	TOTAL.
L'effectif au premier jour du trimestre était de..................						
GAINS { Incorporés............						
Venus des hommes.... { montés....						
non montés						
TOTAUX.........						
PERTES { Licenciés...............						
Tués à l'ennemi ou mort.....						
Disparus...............						
Passés à la caté- { montés.....						
gorie des hommes { non montés						
TOTAUX.........						
L'EFFECTIF, au dernier jour du trimestre, est de..................						

PREMIÈRE PARTIE.

Allocations.

Relater ci-dessous, dans l'ordre de leurs dates, les décisions et ordres qui concernent les allocations en indiquant la quotité de chacune d'elles, les jours où elles ont commencé à être perçues
et ceux où elles ont cessé d'être allouées.

Allocations {
normales. {
Allocations {
extraordinaires. {

| MOIS ET DATES. | NOMBRE DE JOURNÉES donnant droit à la solde. | | | | NOMBRE DE RATIONS | | | | | | | | | | | |
| | | | | | DE VIVRES. | | | | | DE FOURRAGES. | | | | | | |
1	2	3	4	5	6	7	8	9	10	11	12	13	14	15	16	17
MOIS d —																
1																
2																
3																
4																
5																
6																
7																
8																
9																
10																
11																
12																
13																
14																
15																
16																
17																
18																
19																
20																
21																
22																
23																
24																
25																
26																
27																
28																
29																
30																
31																
Totaux à reporter.....																

| MOIS ET DATES. | NOMBRE DE JOURNÉES donnant droit à la solde. | | | NOMBRE DE RATIONS | | | | | | | | | | | |
| | | | | DE VIVRES. | | | | | DE FOURRAGES. | | | | | | |
1	2	3	4	5	6	7	8	9	10	11	12	13	14	15	16	17
Report																
MOIS —																
1....................																
2....................																
3....................																
4....................																
5....................																
6....................																
7....................																
8....................																
9....................																
10...................																
11...................																
12...................																
13...................																
14...................																
15...................																
16...................																
17...................																
18...................																
19...................																
20...................																
21...................																
22...................																
23...................																
24...................																
25...................																
26...................																
27...................																
28...................																
29...................																
30...................																
31...................																
Totaux à reporter.....																

MOIS ET DATES.	NOMBRE DE JOURNÉES donnant droit à la solde.				NOMBRE DE RATIONS											
					DE VIVRES.					DE FOURRAGES						
1	2	3	4	5	6	7	8	9	10	11	12	13	14	15	16	17
MOIS																
1..........................																
2..........................																
3..........................																
4..........................																
5..........................																
6..........................																
7..........................																
8..........................																
9..........................																
10..........................																
11..........................																
12..........................																
13..........................																
14..........................																
15..........................																
16..........................																
17..........................																
18..........................																
19..........................																
20..........................																
21..........................																
22..........................																
23..........................																
24..........................																
25..........................																
26..........................																
27..........................																
28..........................																
29..........................																
30..........................																
31..........................																
Totaux à reporter.. ...																

RÉCAPITULATION DES JOURNÉES
ET DÉCOMPTE DES ALLOCATIONS EN DENIERS.

DÉSIGNATION des CATÉGORIES.	NOMBRE DE JOURNÉES de solde de présence				DÉCOMPTE EN DENIERS							TOTAL du décompte en deniers.	OBSERVATIONS.
					Journées à	Journées à	Journées à	Journées à					
Hommes montés.....													
Hommes non montés													
Totaux...													
A ajouter :													
1º												......	
2º												......	
3º												.....	
Total général du décompte en deniers.....													

Certifié par nous,   chargé du commandement d   , la présente feuille de journées tenant lieu de revue de liquidation de laquelle il résulte :

1º Que le décompte des allocations en deniers s'élève à la somme de

2º Que le décompte de fournitures en nature s'élève :

A

A

A

A

A

Fait à   , le   19 .

Vérifié et liquidé par nous, Sous-Intendant militaire, chargé de la surveillance administrative du à la somme de

A   , le   19 .

DEUXIÈME PARTIE.

Décomptes de libérations.
§ 1er. — *Deniers.*

CRÉDIT.

1º Sommes allouées d'après le décompte ci-dessus...............................

2º A augmenter par suite de rectifications dont détail suit :

Exercice	Tri-mestre.	MOTIFS DES RECTIFICATIONS.	SOMMES.	TOTAL par tri-mestre.	par exer-cice.

3º Moins-perçu d'après le décompte de libération du   e trimestre 19   .

TOTAL GÉNÉRAL du crédit.....

DÉBIT.

1º Mandats de payement :

	LIEUX où les paye-ments ont été effectués.	NOMS des ordonna-teurs signataires des mandats.	Numéros des mandats.	OBJET des mandats	MON-TANT.
Mandats acquittés sur les cré-dits de l'exercice antérieur à celui au titre duquel la revue est établie..........					
Mandats acquittés sur les cré-dits de l'exercice au titre duquel la revue est établie.					
Mandats acquittés sur les cré-dits de l'exercice postérieur à celui au titre duquel la revue est établie..........					

2º Imputations diverses et valeur des fournitures en nature perçues en trop d'après le décompte ci-après :

Exercice	Tri-mestre.	MOTIFS DES RECTIFICATIONS.	SOMMES.	TOTAL par tri-mestre.	par exer-cice.

3º Trop-perçu d'après le décompte de libération du   e trimestre 19   .

TOTAL GÉNÉRAL du débit......

Partant il a été perçu { en moins... / en plus.....

§ 2. — *Fournitures en nature.*

DÉTAIL DU CRÉDIT ET DU DÉBIT.	VIVRES.						FOURRAGES.			OBSERVATIONS.
	Pain.	Biscuit.	Viande fraîche.	Conserv. de viande.	Sucre et café.					

Crédit.

Les allocations s'élèvent à (voir l'arrêté de la feuille de journées où le nombre de rations et la quantité sont portés en toutes lettres)....................
A ajouter le moins-perçu constaté au · trimestre 19· ....

Total du crédit.........

Débit.

(Indication des lieux où les prestations ont été perçues.)

CORPS D'ARMÉE.	DÉPARTEMENTS.	PLACES.

A ajouter le trop-perçu constaté au · trimestre 19 ....
Total du débit...............
Report du crédit............

Partant, il a été perçu { en moins.... en trop.....
Prix de remboursement des rations perçues en trop.....................

Décompte en deniers du trop-perçu...

Valeur totale du trop-perçu à imputer au décompte de libération en deniers.....................

(1) Moins ou trop.

(2) En cas de moins-perçu ou de trop perçu : «.... sera porté en augmentation (ou en diminution) sur la plus prochaine feuille de journées tenant lieu de registre de liquidation ».

En cas de licenciement total et si la revue fait ressortir un trop-perçu : «.... a été versé au Trésor suivant récépissé n°   , en date du   ».

(3) Nom et grade de l'officier commandant.

FAIT et ARRÊTÉ les présents décomptes de libération, desquels il résulte qu'il a été perçu en (2)   la somme de

dont le montant (1)

A   , le   19 .

Le (3)   Le Sous-Intendant militaire,

*Instruction relative aux forces supplétives
levées dans le Sud tunisien.*

Paris, le 11 octobre 1916.

Les forces supplétives tunisiennes relèvent normalement de la régence, et sont, en conséquence, à la charge du protectorat.

Toutefois, en temps de guerre ou d'opérations nécessitées par la sécurité de la Tunisie, il peut être levé, dans le Sud tunisien, des goums destinés à assurer, de concert avec les contingents réguliers ou les forces supplétives de l'Algérie, la défense commune du protectorat et de la colonie.

Ces goums sont levés sur la demande du résident général de France en Tunisie et l'avis du général commandant la division d'occupation, soumis à l'approbation du Ministre de la guerre.

Les formations ainsi constituées sont placées sous les ordres des autorités militaires de l'Afrique du Nord.

Elles sont soumises, d'une façon générale, au régime institué, pour les forces supplétives de l'Algérie, par l'instruction ministérielle du 17 mai 1914 (voir page 135).

Leur entretien est à la charge du budget de la guerre (chapitre de la solde des corps de troupe de cavalerie).

Les tarifs d'allocation qui leur sont applicables figurent au tableau joint à la présente instruction. Ces tarifs entreront en vigueur à la date de publication de la présente instruction. Toutefois, les goumiers levés avant cette date continueront à percevoir les allocations qui leur étaient attribuées antérieurement si elles sont supérieures aux tarifs ci-après.

Lorsque des cavaliers du maghzen à la solde de la régence ou des communes du protectorat seront employés soit à l'encadrement de goums levés dans les conditions ci-dessus, soit à des opérations militaires nécessitées par la défense de l'Afrique du Nord, ils auront droit, le cas échéant, aux indemnités prévues aux articles 12 et 13 de l'instruction du 17 mai 1914, leur entretien et leur solde restant, en tout cas, à la charge du budget tunisien.

Le général commandant la division d'occupation de Tunisie adresse, le premier jour de chaque trimestre, au Ministre de la guerre (Etat-Major de l'Armée, Section d'Afrique), un état de prévision des forces supplétives sud-tunisiennes à entretenir pendant le trimestre suivant à la charge du budget de la guerre.

Tarifs de solde et allocations des goumiers du Sud tunisien.

ZONES.	SOLDE JOURNALIÈRE.			OBSERVATIONS.
	Goumiers à cheval.	Goumiers à mehari.	Goumiers à pied.	
	fr. c.	fr. c.	fr. c.	
Littoral (annexes de Zarzis et Ben Gardane)........	3 »	2 50	2 »	Ces allocations sont exclusives de toute prestation en nature. La nourriture des animaux est à la charge des goumiers.
Intérieur.................	3 25	2 75	2 25	

Instruction relative au payement par chèque des dépenses des corps de troupe (1).

Paris, le 31 mai 1918.

I. — En outre des procédés en usage jusqu'ici, les trésoriers des corps de troupe (à l'exclusion des corps en campagne) peuvent effectuer les payements qui leur incombent au moyen de chèques.

Les caractères de ces payements par chèque les différencient nettement du système de virements effectués par les comptables du Trésor sur présentation de mandats, qui a été institué par le décret du 20 juin 1916, comme aussi des payements par chèques pratiqués obligatoirement aux guichets du Trésor, pour les sommes excédant un certain chiffre; les dépenses qu'acquittent les trésoriers des corps pourront être payées par remise directe d'un chèque par ces trésoriers aux créanciers, aux lieu et place de numéraire.

II. — Ce système s'applique à toutes les dépenses qu'acquittent les corps : dépenses des ordinaires (payements effectués pour le compte de la commission des ordinaires, comme pour le compte des unités); dépenses des masses; dépenses diverses et avances à l'Etat effectuées sur les fonds courants des corps, payement de la solde (principalement aux officiers), des délégations, etc...

____

(1) La présente instruction modifie et complète en particulier l'instruction du 20 mars 1906 pour l'application du règlement sur l'administration des corps de troupe (métropolitains).

L'emploi du chèque demeure facultatif pour le corps et d'autre part ne sera jamais imposé aux créanciers quels qu'ils soient (fournisseurs, officiers, etc...). Il n'y a aucune raison, notamment, de le substituer à la traite commerciale pour le payement des fournisseurs.

Le timbre quittance qui frappe le payement ne donne lieu à aucune disposition spéciale à ce mode de payement.

Le timbre spécial du chèque (de 0 fr. 10 ou 0 fr. 20) (1) est à la charge du créancier (2).

III. — Les corps déposeront dans les caisses du Trésor, suivant les modalités en usage et fixées par l'article 245 du décret du 3 avril 1869, les fonds en excédent des dépenses à effectuer par eux *en numéraire*.

Ces fonds, dont le caractère n'est en rien modifié, représenteront le dépôt sur lequel seront tirés les chèques.

IV. — Les chèques sont signés du trésorier; ils portent le visa du major « pour provision ». La signature du trésorier est en outre appuyée du timbre humide du conseil d'administration. Ils sont établis sur un modèle spécial ne permettant leur payement qu'à un banquier, ce qui leur donne à cet égard les caractères des chèques barrés. Cette disposition ne pouvant être que l'effet d'une convention avec le bénéficiaire, subordonne l'emploi du chèque à l'acceptation de cette clause par ce bénéficiaire. Mention en est faite d'ailleurs dans la contexture du chèque.

Les chèques sont endossables comme tous autres.

Les carnets de chèques, qui doivent faire l'objet d'une surveillance spéciale, seront, par une dérogation aux dispositions ordinaires suivant lesquelles les trésoriers des corps se procurent les imprimés, remis aux corps par les fonctionnaires de l'intendance chargés de la vérification de leurs comptes. Ces fonctionnaires de l'intendance les recevront de l'administration centrale. Ils en tiendront une comptabilité et les délivreront aux trésoriers des corps contre émargement et contre remise des souches des carnets épuisés. Les carnets devront être conservés dans la caisse du trésorier; ils seront numérotés et le numéro du carnet sera reporté sur chacun des chèques qu'il contient.

---

(1) Doit être timbré à 0 fr. 20 le chèque tiré « de place à place ». On nomme ainsi le chèque daté d'une place autre que celle sur laquelle il est tiré (et, par conséquent, où se trouve la provision). Par suite, le chèque est tiré passible du timbre de 0 fr. 20 toutes les fois que le trésorier ne résidera pas dans la localité où se trouve son compte de dépôt.

(2) Sauf dans les cas, prévus par la circulaire du 29 février 1916, où les frais d'envoi sont à la charge de l'État (délégations).

Les trésoriers des corps feront l'avance de la valeur du timbre spécial du chèque, sur leurs frais de bureau, et en seront remboursés par les créanciers (1).

Les chèques pourront être remis de la main à la main ou envoyés dans les mêmes conditions que les mandats-poste. Ces envois de chèques pourront être faits, soit aux officiers désireux de recevoir leur solde par ce moyen, soit aux fournisseurs, par dérogation aux prescriptions de l'article 60 de l'instruction du 20 mars 1906 (qui prescrit le payement par traites).

Les décharges à exiger seront, dans le cas de remise directe, les mêmes que pour les payements en numéraire, mais en spécifiant que le payement a eu lieu par chèque; en cas d'envoi, on portera sur la facture ou pièce de dépense, la mention : « payé, etc..., ainsi que le constate le talon du chèque n°..... »

V. — Les payements faits par chèque ne représentent pas une sortie réelle de la caisse du trésorier; les dépenses auxquelles ils correspondent doivent pourtant être inscrites au journal. D'ailleurs, la même opération de dépenses inscrites au journal peut être effectuée partiellement par chèques et partiellement par d'autres procédés; tel serait par exemple le cas lorsqu'un seul fournisseur des ordinaires est payé par chèque : l'inscription au journal du bordereau pour son chiffre total a pour effet d'y faire figurer une dépense qui ne correspond pas à une sortie de fonds de la caisse du trésorier.

Le trésorier fera donc figurer au journal, dans la colonne « Dépense » tous les payements par chèque, et portera en même temps, dans la colonne intitulée « Pour mémoire — Solde créditeur du compte courant au Trésor », après chaque opération de retrait ou de dépôt, le montant de chaque chèque, comme s'il s'agissait d'un retrait de fonds (2). De cette manière, le registre-journal continuera à faire ressortir, à tout moment, la somme restant disponible au Trésor.

---

(1) Voir note, paragraphe V ci-après.

(2) Il est essentiel, pour que cette manière de faire soit possible, que la même somme soit inscrite dans la colonne des dépenses et dans la colonne « Pour mémoire », c'est-à-dire que le montant du chèque soit exactement égal au chiffre de la somme portée en dépense; on ne devra donc pas *retenir* les frais d'envoi ni la valeur du timbre spécial du chèque, difficulté qui ne se présente pas dans les autres modes d'envoi. Pour y parer, on doit admettre que le trésorier sera autorisé à n'envoyer un chèque que lorsqu'il sera préalablement couvert de ces frais; les cas où le trésorier pourra craindre de n'être pas remboursé de ses avances seront d'ailleurs très rares.

Le livret de compte courant du corps avec le Trésor, du modèle joint à la présente instruction (2), sera tenu dans les conditions suivantes : dans une partie complémentaire, le major inscrira, avant chaque opération réelle de dépôt ou de retrait, les chèques émis depuis la dernière opération; le trésorier-payeur général inscrira dans la partie principale le montant des chèques payés depuis la même époque et fera ressortir le solde d'après ses écritures. Le carnet permettra ainsi d'établir la situation du compte de dépôts du corps.

Les mêmes inscriptions seront faites au moment de l'établissement de l'état trimestriel des dépôts et des retraits.

Sur l'état trimestriel du mouvement des fonds en dépôt au Trésor, le trésorier du corps comprendra, en outre des mouvements de fonds *réels* effectués pendant le trimestre, les sommes prélevées par chèques émis ou mandats de virement, de manière à faire ressortir la somme restant disponible. Le trésorier-payeur général y portera, de son côté, l'énumération détaillée des chèques émis restant à payer. Le solde créditeur figurant dans les écritures du Trésor, diminué du montant de ces chèques (émis restant à payer), devra reproduire la somme indiquée comme disponible par le corps. L'état ainsi établi permettra de constater l'accord dans les comptes du dépôt à la date de l'établissement de l'état.

---

(2) Le modèle de ce livret est donné par l'additif du 14 janvier 1919 (Vol. 1 *bis*.)

CORPS D'ARMÉE

DÉPARTEMENT

d

PLACE

Désignation ⎫
du corps ou de ⎬
l'établissement. ⎭

MODÈLE Nᵒ 39

du règlement du 20 mars
1906 sur l'administration
des corps de troupe et
modèle nᵒ 46 du règle-
ment du 3 avril 1869.

ÉTAT DU MOUVEMENT

des fonds en dépôt au Trésor pendant le 19 .

À la date du · · · · la somme restant disponible au Trésor était de :

		fr.	c.
Versé pendant	en numéraire..............		
	par mandats de virement.....		
	TOTAL............		
Prélevé pendant	en numéraire.......		
	par chèques émis...		
	par mandats de virement....		
	TOTAL...........		
Somme restant disponible à la date du			

CERTIFIÉ par nous, membres du conseil d'administration, le présent état duquel il résulte qu'il reste en dépôt au Trésor, à l'époque de ce jour, une somme disponible de :

À · · · · , le · · · · 19 · .

Les Membres du Conseil d'administration,

PARTIE RÉSERVÉE AUX AGENTS DU TRÉSOR.

Solde créditeur figurant le · · · · dans les écritures du Trésor :

		fr.	c.
Détail (1) des chèques émis restant à payer après émargement au livret de compte courant (Partie complémentaire)...................	Nᵒˢ · · · de · · ·		
Somme disponible signalée par le corps ou l'établissement.			

Vu et VÉRIFIÉ par nous,
Sous-Intendant militaire, · · · · Vu pour conformité :

Le Trésorier-payeur général ou l' Receveur des finances.

---

(1) Ce détail pourra, s'il est nécessaire, figurer au verso

PAYEMENT DES DÉPENSES DES CORPS DE TROUPE

Corps :   SOMME.

Chèque n° :

Report........

Date :

Ordre { Nom :

       Qualité :

       Adresse

Somme........

A reporter......

DÉPENSES DES CORPS DE TROUPE

PAYEMENT DES DÉPENSES DES CORPS DE TROUPE

Corps :

Chèque n°   le   fr.

M. le...... { Trésorier-payeur général } des finances à

          { Receveur } département d

voudra bien payer à l'ordre de M.

et porter au débit du compte de dépôt du corps

la somme de

Vu pour provision :

Le Major.   Le Trésorier.

Suivant convention avec le bénéficiaire le présent chèque ne pourra être présenté au payement que par un banquier.

*Décret relatif à l'organisation provisoire des unités administrati-
ves dans les corps de troupe à partir du 1ᵉʳ janvier 1920.*

Paris, le 23 décembre 1919.

Art. 1ᵉʳ. A partir du 1ᵉʳ janvier 1920, et à titre provisoire, les
unités administratives prévues par le décret du 20 mars 1906
pourront être groupées, au point de vue de l'administration,
dans les conditions fixées par le Ministre de la guerre de façon
que chaque bataillon ou groupement équivalent constitue une
unité administrative unique.

Art. 2. Les commandants des bataillons et des groupements
constitués en unités administratives réuniront les attributions et
les responsabilités qui incombent aux commandants d'unités administratives, tant en vertu des dispositions générales des décrets des 20 mars 1906, 29 juin 1906 et 6 décembre 1903 que par
application des divers décrets et règlements en vigueur.

Art. 3. Le Président du Conseil, Ministre de la guerre, est
chargé de l'exécution du présent décret, qui sera publié au *Journal officiel* de la République française et inséré au *Bulletin officiel* du ministère de la guerre.

---

*Instruction pour l'application du décret du 23 décembre 1919 rela-
tif à l'organisation provisoire des unités administratives dans
les corps de troupe à partir du 1ᵉʳ janvier 1920.*

Paris, le 23 décembre 1919.

I. — CORPS DE TROUPE APPELÉS A APPLIQUER LES DISPOSITIONS DU DÉCRET.

Art. 1ᵉʳ. Les corps de troupe de toutes armes, autres que ceux
de la cavalerie et du train, organisés sous le nom de régiments,
bataillons ou groupes et stationnés sur le territoire de la métro-
pole (à l'exclusion des 1ʳᵉ, 2ᵉ, 6ᵉ, 7ᵉ, 20ᵉ et 21ᵉ régions) et en Algérie ou Tunisie, feront application des dispositions du décret
du 23 décembre 1919.

Toutefois, les compagnies du génie et batteries d'artillerie
stationnées en Algérie et en Tunisie et qui s'administrent isolé-
ment parce qu'elles sont détachées de leur bataillon ou de leur
groupe continueront à former des unités administratives distinctes. De même, toutes les compagnies et batteries des troupes

coloniales stationnées dans ces régions continueront à former des unités administratives distinctes.

Art. 2. En outre, ces mêmes dispositions seront appliquées, *à titre d'essai,* dans un certain nombre d'unités métropolitaines (à l'exclusion des T. C.) faisant partie des armées d'Orient et du Levant, du corps expéditionnaire du Maroc et de l'armée française du Rhin, et désignées dans chaque armée ou corps expéditionnaire à raison de :

Trois bataillons d'infanterie appartenant à des régiments différents;

Un bataillon d'infanterie formant corps (s'il en existe);

Deux groupes d'artillerie appartenant à des régiments différents.

La désignation de ces unités sera faite par les généraux commandant en chef les armées d'Orient et du Levant, le corps expéditionnaire du Maroc et l'armée française du Rhin, qui adresseront, pour le 15 janvier 1920, au ministère de la guerre, distinctement : d'une part, sous le timbre de la 5° Direction (4° Bureau), et, d'autre part, sous le timbre de chaque Direction d'Arme intéressée, un compte rendu indiquant les unités désignées pour appliquer lesdites dispositions.

II. — Constitution et organisation des unités administratives.

Art. 3. Dans les corps de troupe visés aux articles 1er et 2 ci dessus, les unités administratives seront constituées de la façon suivante :

a) Infanterie et génie.

1° Dans les corps de troupe organisés sous le nom de régiment, chaque bataillon constituera une unité administrative réunissant tous les militaires des compagnies formant ledit bataillon.

2° Dans les corps de troupe organisés sous le nom de bataillon (chasseurs à pied, infanterie légère d'Afrique, bataillon du génie formant corps) ou de groupe (groupes cyclistes), l'ensemble des compagnies du corps constituera une seule unité administrative.

3° Il ne sera rien changé à l'organisation administrative des compagnies sahariennes et des sections spéciales de discipline.

b) Artillerie et artillerie d'assaut.

1° Dans les corps de troupe organisés sous le nom de régiment, chaque groupe constituera une unité administrative réunissant tous les militaires des batteries formant ledit groupe (1).

2° Dans les corps de troupe organisés sous le nom de groupes (groupes autonomes d'artillerie d'Afrique), l'ensemble des batteries du corps constituera une seule unité administrative.

3° Dans les corps de troupe d'artillerie d'assaut, chaque bataillon ou groupement constituera une unité administrative réunissant les militaires des compagnies ou groupes formant ledit bataillon ou groupement (2).

c) C. H. R., S. H. R., P. H. R.

1° Dans les corps de troupe de l'infanterie et de l'artillerie, les C. H. R., S. H. R. et P. H. R. continueront à former une unité administrative distincte dans les conditions actuelles. Toutefois, les militaires de ces unités pourront être groupés, pour le fonctionnement de l'ordinaire, avec ceux d'une des unités administratives nouvelles, dans les conditions prévues par l'article 1er du décret du 22 avril 1905 (B. O., É. M., vol. 7).

2° Dans les régiments et bataillons formant corps du génie, la S. H. R. et la compagnie de S. C. seront réunies pour constituer une seule unité administrative.

Art. 4. Dans les unités administratives organisées sous le nom de bataillon, de groupe ou de groupement, l'administration est assurée par le chef de bataillon ou d'escadron, et, éventuellement, par le capitaine qui remplit les fonctions de commandant du bataillon, du groupe ou du groupement.

Toutefois, dans les bataillons formant corps (infanterie, génie), dans les groupes autonomes (artillerie) et dans les groupements détachés (artillerie d'assaut), c'est le plus ancien des capitaines commandant les compagnies ou batteries du bataillon ou du groupe qui remplit les fonctions de commandant de l'unité administrative unique.

De même, c'est le plus ancien des deux capitaines commandant la S. H. R. et la compagnie de S. C. dans les régiments ou bataillons formant corps du génie qui est le commandant de l'unité administrative nouvelle formée par ces deux unités.

---

(1) Les compagnies d'ouvriers et les compagnies d'artificiers entrant dans la composition des régiments d'artillerie à pied continueront à former des unités administratives distinctes.

(2) Les compagnies d'ouvriers des régiments d'artillerie d'assaut continueront à former des unités administratives distinctes.

Les commandants d'unités administratives sont aidés, dans leurs fonctions d'administrateurs, par l'un des commandants des compagnies ou des batteries qui ont formé l'unité.

Ils disposent, en outre, d'un personnel troupe (gradés et hommes de troupe) comprenant, pour chaque unité administrative :

Un sergent-major ou maréchal des logis chef;

Un sergent ou maréchal des logis fourrier;

Un caporal ou brigadier fourrier;

Un soldat secrétaire, par compagnie ou batterie comptant à l'unité administrative;

Un caporal ou brigadier d'ordinaire;

Un chef cuisinier, des cuisiniers et aides de cuisine en nombre proportionné à l'effectif à nourrir;

Un caporal ou brigadier garde-magasin secondé par un homme manutentionnaire.

Tout ce personnel constitue *le cadre fixe* de l'unité administrative et est prélevé sur l'effectif des compagnies, batteries, etc., du bataillon, du groupe, ou du groupement, de façon à équilibrer les charges de chacune d'elles.

Les sergents-majors, sergents fourriers et caporaux fourriers non utilisés pour la constitution du cadre fixe sont employés dans les divers bureaux et services de comptabilité du corps (et du bureau spécial de comptabilité) et participent également au roulement prévu à l'article 10 (2°) ci-après.

III. — RÔLE ET RESPONSABILITÉ DU COMMANDANT D'UNITÉ ADMINISTRATIVE.

Art. 5. Les commandants de bataillon, de groupe ou de groupement chargés de l'administration des unités cumulent, avec les attributions attachées à leur fonction de commandement, à laquelle aucune modification n'est apportée, celles qui incombent aux commandants d'unités administratives, telles qu'elles sont définies tant par les règlements et instructions concernant l'administration des corps de troupe que par les règlements spéciaux (ordinaires, masses, service intérieur, etc.).

En conséquence, ils administrent les ressources de l'unité, en assurent la perception, la conservation et l'emploi et produisent les comptes dans les conditions et les formes réglementaires.

Ils se font aider, pour l'exécution de ce service, par l'un des commandants de compagnie ou batterie qui leur est adjoint (art. 4 ci-dessus) et auquel ils peuvent donner délégation de tout ou partie de leurs fonctions, sauf en ce qui concerne la signature des pièces et documents de comptabilité.

Cependant, en cas d'absence du commandant d'unité administrative, le commandant de compagnie ou de batterie adjoint assure, au nom et pour le compte du commandant d'unité, l'administration complète de l'unité et signe tous les documents de comptabilité établis pendant cette période.

Art. 6. La responsabilité des commandants d'unité administrative est celle définie par les règlements en vigueur et rappelée par l'article 2 du décret du 23 décembre 1919.

Elle reste entière, même pour les opérations effectuées, par délégation, par le commandant de compagnie ou de batterie adjoint. La responsabilité de ce dernier n'est directement engagée que pour la gestion qui lui est confiée pendant l'absence régulière du commandant d'unité administrative, si cette absence est supérieure à un mois et s'il a été régulièrement désigné par le chef de corps pour le suppléer (Service intérieur, infanterie, art. 90, 2° alinéa; artillerie, art. 111, 2° alinéa).

Art. 7. Quels que soient le grade et l'ancienneté des commandants d'unités administratives, leurs opérations administratives restent soumises à la surveillance du major, conformément aux prescriptions des règlements sur l'administration des corps de troupe.

Art. 8. Les commandants de bataillons ou des groupes constitués en unités administratives sont appelés à faire partie des conseils et commissions fonctionnant dans les corps de troupe toutes les fois que la présence d'un ou plusieurs commandants d'unité administrative est prévue par les règlements en vigueur.

Toutefois, si le nombre des commandants d'unité administrative est insuffisant pour les désignations à faire pour certains conseils ou commissions, il y est suppléé en désignant des commandants de compagnie ou de batterie pris, de préférence, parmi les plus anciens de grade et les plus expérimentés en matière d'administration des unités.

Art. 9. Si une fraction de l'unité administrative en est momentanément détachée (compagnie ou batterie, peloton, section), l'administration de cette fraction reste centralisée par le commandant de l'unité administrative.

Cependant, si la fraction d'unité détachée n'est pas placée en subsistance et est trop éloignée de l'unité dont elle fait partie pour que les mutations des hommes et celles des chevaux qui la composent puissent être portées sur les situations administratives journalières, le commandant de cette fraction tient les documents prévus par l'instruction du 10 janvier 1912 sur la solde (art. 37 c et 38 c) pour les troupes métropolitaines, et le règlement du 26 mai 1904 (art. 92 et 100) pour les troupes coloniales, et assure la gestion des allocations d'ordinaire des hommes placés sous son commandement.

Art. 10. Indépendamment des attributions ayant pour but l'administration de l'unité, le commandant d'unité administrative dirige l'instruction administrative des officiers, gradés et hommes de troupe, de façon à former les cadres administratifs et comptables des unités à créer à la mobilisation.

Dans ce but :

1° Il établit un roulement entre les commandants de compagnie ou de batterie sous ses ordres pour remplir les fonctions d'adjoint administratif (art. 4). Chacun d'eux doit rester en fonction pendant trois mois au minimum;

2° En dehors des gradés et comptables qui forment le cadre fixe de l'unité administrative déterminé par l'article 4 de la présente instruction, il est constitué un cadre auxiliaire comprenant un même nombre de gradés et de secrétaires que le cadre fixe et dont le personnel, prélevé par roulement sur les compagnies et batteries de l'unité, reste en fonctions par périodes successives de trois mois, de façon à permettre de former le plus grand nombre possible de comptables;

3° En outre, le commandant d'unité administrative charge, sous sa direction, le commandant de compagnie ou de batterie adjoint de compléter l'instruction pratique de tous les comptables du cadre fixe et du cadre auxiliaire par des notions théoriques sur l'administration des corps de troupe et des unités administratives en temps de paix et en campagne;

4° Cette instruction administrative, rendue indispensable par les nécessités d'encadrement des unités mobilisées, fait l'objet d'une surveillance constante de la part du chef de corps et du major, qui peuvent y faire participer, par des conférences théoriques et des travaux pratiques, les officiers comptables du corps, chacun pour sa spécialité. Ces conférences sont également suivies par les commandants de compagnie ou de batterie et par les officiers placés sous leurs ordres.

IV. — Date et conditions du passage de l'organisation actuelle à l'organisation nouvelle.

Art. 11. Les dispositions du décret du 23 décembre 1919 et de la présente instruction entreront en vigueur le 1er janvier 1920

A cette date, les compagnies ou batteries appelées à être groupées cesseront provisoirement de constituer des unités administratives.

, Les fonds de l'ordinaire seront versés par chaque commandant de compagnie ou batterie au commandant de la nouvelle unité administrative dont la compagnie ou batterie fera partie.

Les parts de boni déposées dans la caisse du corps seront inscrites au registre des fonds divers au compte des nouveaux commandants d'unités, qui mentionneront ces dépôts sur leurs carnets d'ordinaire dans la forme réglementaire.

Art. 12. La formation des nouvelles unités administratives sera constatée dans les procès-verbaux de formation des corps de troupe reconstitués au 1er janvier 1920 dans les conditions prévues par le décret et l'instruction du 24 novembre 1919 (*J. O.* du 3 décembre 1919).

Dans ce but, les modèles annexés à ladite instruction seront complétés de la façon suivante :

a) *Modèle 2.* — Tableau résumant la situation de la caisse du corps et des détachements et celle des fonds de l'ordinaire à la date du 31 décembre 1919.

Pour les compagnies ou batteries appelées à être groupées en une seule unité administrative, les renseignements supplémentaires suivants seront indiqués dans la colonne d'observations dudit tableau, savoir :

1° Part proportionnelle du boni par homme comptant à la compagnie ou à la batterie au 31 décembre 1919;

2° Montant total de l'avoir de toutes les compagnies ou batteries appelées à constituer la nouvelle unité administrative;

3° Désignation du bataillon ou du groupe appelé à former la nouvelle unité dont ces compagnies ou batteries feront partie.

b) *Modèle 3.* — Procès-verbal de formation.

Les articles 4 et 5 prendront les numéros 5 et 6.

Entre les articles 3 et 5 (nouveaux) sera intercalé un article 4 ainsi conçu :

« Art. 4. Les unités administratives du corps sont provisoirement les suivantes :

« La C. H. R. (ou la S. H. R. ou le P. H. R.);

« Le ° bataillon, comprenant les °, °, °, ° compagnies;

« Le ° bataillon ou le ° groupe, comprenant les °, °, ° batteries;

« Le ° bataillon, comprenant les °, °, °, °, ° compagnies. »

. . . .

c) *Modèle 1.* — Tableau donnant la composition et les effectifs du régiment au 1er janvier 1920.

Dans l'énumération des unités administratives, on substituera les bataillons ou les groupes aux compagnies ou aux batteries.

Mais, dans chaque bataillon ou groupe, on indiquera l'effectif distinctement pour l'état-major du bataillon ou du groupe et pour chaque compagnie ou batterie, puis on totalisera pour avoir l'effectif de la nouvelle unité provisoire.

EXEMPLE.

« Bataillon	Effectifs.
Commandant du bataillon............................	
État-major du bataillon (adjudant major, commandant de compagnie adjoint administratif, adjudant de bataillon)................................	
« Compagnie	
« Compagnie................................	
« Compagnie................................	
« Compagnie................................	
EFFECTIF du bataillon................................	

Art. 13. Il n'est apporté aucune modification aux dispositions prévues pour la mobilisation, qui continuera à être effectuée par compagnie, batterie, etc...

Les documents relatifs à la mobilisation seront tenus à jour par les anciennes unités administratives, qui subsistent comme unités organiques.

En outre, dans le magasin des unités administratives provisoires, les collections de guerre seront allotics distinctement par compagnie, batterie, etc..., entrant dans la composition de ces unités provisoires.

Le Sous-Secrétaire d'État de l'administration de la guerre

L. ABRAMI.

Circulaire prescrivant le classement à la 1re catégorie, section V du matériel, et la prise en charge par le corps du matériel de protection contre les gaz de combat.

Paris, le 12 octobre 1920.

Le matériel de protection contre les gaz de combat est classé à la 1re catégorie, section V, du matériel appartenant à l'État (instruction du 20 mars 1906, *B. O.*, é. m. n° 1, art. 154, p. 109 et 110). Il sera pris en charge par les corps de troupe de toutes armes, dans les conditions prévues par les règlements du 20 mars 1906 et des 26/30 décembre 1902 (*B. O.*, é. m., vol. n°⁸ 1 et 27).

Les établissements de l'artillerie qui auront en dépôt du matériel destiné à la mobilisation des corps de troupe tiendront vis-à-vis des corps gestionnaires les écritures prévues pour les annexes par les règlements susvisés.

Les prescriptions contraires à celles de la présente addition sont abrogées.

TABLE DES MATIÈRES

CONTENUES

DANS LE RÈGLEMENT ET DANS L'INSTRUCTION.

TITRE X.

RÉSERVE DE L'ARMÉE ACTIVE ET ARMÉE TERRITORIALE.

CHAPITRE PREMIER.

RÉSERVISTES ET HOMMES DE L'ARMÉE TERRITORIALE PRÉSENTS DANS LES UNITÉS ACTIVES.

CHAPITRE II.

CORPS DE RÉSERVE ET CORPS DE L'ARMÉE TERRITORIALE

TITRE XI.

SURVEILLANCE DE L'ADMINISTRATION. — VÉRIFICATION ET RÉGULARISATION DES COMPTES.

CHAPITRE PREMIER.

ACTION DU COMMANDEMENT.

TABLE CHRONOLOGIQUE

TABLE ALPHABÉTIQUE

A

Pages

S